知识生产的原创基地
BASE FOR ORIGINAL CREATIVE CONTENT

颉腾商业
JIE TENG BUSINESS

NEVER SAY SELL

How the World's
Best Consulting and Professional Services
Firms Expand Client Relationships

绝不推销

用深度服务
斩获大订单

[美] 汤姆·麦克马金（Tom McMakin） 雅各布·帕克斯（Jacob Parks） 著
欧阳小珍 童建农 译

SPM
南方出版传媒
广东经济出版社
·广州·

图书在版编目（CIP）数据

绝不推销：用深度服务斩获大订单 / (美) 汤姆·麦克马金, (美) 雅各布·帕克斯著；欧阳小珍, 童建农译. — 广州：广东经济出版社, 2022.1
ISBN 978-7-5454-8102-0

Ⅰ. ①绝… Ⅱ. ①汤… ②雅… ③欧… ④童… Ⅲ. ①销售－方法 Ⅳ. ① F713.3

中国版本图书馆 CIP 数据核字 (2021) 第 253474 号

版权登记号：19－2021－271

策　　划　颉腾文化
责任编辑　陈　潇　罗嘉慧　王春蕊　　**封面设计**　Colin

绝不推销：用深度服务斩获大订单
JUEBU TUIXIAO：YONG SHENDU FUWU ZHANHUO DADINGDAN

出 版 人	李　鹏
出版发行	广东经济出版社（广州市环市东路水荫路 11 号 11 ～ 12 楼）
经　　销	全国新华书店
印　　刷	北京市荣盛彩色印刷有限公司（河北省保定市涿州市常家庄村）
开　　本	710 毫米 ×1000 毫米　1/16
印　　张	19
字　　数	254 千字
版　　次	2022 年 1 月第 1 版
印　　次	2022 年 1 月第 1 次
书　　号	ISBN 978-7-5454-8102-0
定　　价	89.00 元

图书营销中心地址：广州市环市东路水荫路11号12楼
电话：（020）87393830　邮政编码：510075
如发现印装质量问题，影响阅读，请与本社联系
广东经济出版社常年法律顾问：胡志海律师

Translator's Preface | 译者序

千万合同换一人

（一）

前段时间，网上流传了一个段子：千万合同换一个人，被疯抢的神仙级员工，揭开我们对人脉最深的误解。这个段子讲的是云服务提供商 A 如何去争取一个千万级云用户 B 的故事。B 一直是国内云行业老大的老客户，更换云服务商并没有给 B 带来更多实质性的帮助，因此对于 A 来说与 B 合作无望，多次争取也只能被拒绝。但 A 的业务人员 C 给 B 的老板发了一封邮件，关键点如下：

1. 听说 B 要做企业知识服务，我们在自己服务的客户中精挑细选，为 B 挑选到了合适的客户，并且做好了对方的工作，可立即签约。

2. 不要有压力和顾虑，这个和我们 A 与你们的数据服务没有关系。

3. 我们 A 的总裁和副总裁都是你们的用户，他们非常关心我们和你们的合作进展。

4. 拒绝我们 100 次，也不要紧，我们会再沟通第 101 次，因为我们坚信我们 A 是你们最正确的选择。

5. 我们没有“美式装备”，但是在您最需要的时候，我们一定会是金刚川上的那座“人桥”。

这封邮件通篇没有推销产品的苦苦相求，唯有诚意满满的成人之美。B 的老板说，当他看到第三条时就心软了，最初不肯换运营商的想法也产生了动摇，并喊话 A，肯不肯用 C 换这几千万的项目，承诺“头天入职，第二天我们就签约”。

这个专业服务的思想领导力文案（thought leadership）的核心就是：我帮你。

（二）

我们是在疫情中读到这本书的。这本书讲述的是专业服务公司扩展客户关系实务。它是在疫情中完成并出版的，作者尽管不在抗疫最前线，没能与护士们或急诊医生们在一起，但仍然每天都在问自己："我们能够提供什么帮助？"作为各个不同领域的专家，有必要为世界上所有人的需要贡献自己的解决方案。

这场全球性新冠肺炎疫情，对人类社会产生了巨大的影响，彻底改变了我们的生活。疫情及后疫情时代，要面对国民经济整体增速放缓，进入经济结构优化调整的"新常态"，整体市场环境由增量时代进入存量时代，整体市场基调由高速增长的"量变"转向以价值挖掘为主题的"质变"。在存量市场下，客户服务能力成为企业核心竞争力之一，而这本书的宗旨，就是聚焦于如何围绕现有客户，深耕开发客户关系。作为这本书的译者，我们曾在 30 多年前，就服务过中国早期民营高新技术企业。中国的 IT 发展史，就是一部典型的专业服务发展史。今天，在新的环境、新的思想进程中，读到了这本专业服务专著，我们特别想推荐给各个专业、各个领域的专业服务从业者，希望能对大家有所帮助。

（三）

1. 专业服务的起点在哪里？

本书第一部分，用一个案例引出：不要把自己关在公司会议室里想方案，而是要去客户现场，去跟客户一起进行头脑风暴。

2. 在专业服务中，让客户接受新业务的秘诀是什么？

专业服务的购买，关键在于声誉、推荐和关系，而不是功能、属性，更不是价格。

3. 为什么绝不推销？

专业服务专注于向当前客户扩展关系，是业务开发（business development），不是推销（sell）。我们提供优秀的项目交付服务，与客户内部建立关系，在客户遇到问题的第一时间赶赴现场，提供即时帮助。

4. 客户机会开发模型的含义是什么？

基于在客户中已有的基点，寻求发展新的潜在买方；基于三种业务形态——当前业务、可提供业务、全新开发业务，组合出客户扩展开发的六种模式——增长、扩张、推广、延伸、深化、创新。

5. 如何应对客户关系扩展的挑战？

- 不了解或误解导致的难题
- 自己内部组织复杂导致的难题
- 两个网络对接导致的难题
- 引荐同事给客户导致的难题
- 规模化扩张导致的难题

6. 深耕客户要了解什么？

如何了解你自己，如何了解你的客户，如何准备客户开发计划。

7. 深耕客户的七项准则是什么？

准则 1：做好业务

准则 2：做好朋友

准则 3：用好团队

准则 4：用好激励

准则 5：做好倾听

准则 6：讲好故事

准则 7：做好提问

8. 专业服务的发展未来是什么？

- 同行的力量
- 渠道的力量
- 技术的力量
- 经验和眼界的力量

（四）

本书的作者是沛思公司（Profitable Ideas Exchange，PIE）的两位负责人。沛思公司是一家专注于向从事专业服务的公司提供专业服务的公司，是顾问的顾问——元顾问（meta-consultant）。因而，本书采访了众多专业服务领域的企业，包括不少大名鼎鼎的国际顶级专业服务企业，书中人物众多，案例丰富，读此书，犹如游历了一遍现代专业服务领域。

本书实际上也是沛思公司的一部思想领导力软文，一本向客户讲故事的业务开发典范文案。本书语言活泼，旁征博引，文采纷呈，故建议大家去读读本书的外文原著，学学英语，拓展思路，应该会感到读有所值。

鉴于本书译者的能力与水平有限，翻译中难免会有差错、不尽如人意之处，敬请批评指正。一些专家学者参与了本书的翻译成稿过程，要特别感谢武汉集成电路设计工程技术研究中心的邹志革博士，他花费了大量的精力对本书进行了全篇审阅和细致修改；也感谢武汉兴和云网科技股份有限公司的江鸿董事长，他通读了本书的初稿，提出了重要的修改意见；还要感谢本书策划编辑欧俊的专业指点与耐心宽容。在此，我们想对所有关心此书以及为我们提供帮助的朋友和同事们表示感谢。

欧阳小珍　童建农

Foreword | 前言

天涯共此时

窗外，东方既白，新的一天到来了。晨曦载曜，长天缤纷，犹如水洗般铺满了紫色和橙色。今天是 5 月 1 日，也是本书截稿的日子，我们在草稿上进行了最后的润色，编上页码，加上尾注，还有一系列的签名。

在本该为此庆祝的日子里，我们却备感忧郁。此刻，世界各地都笼罩在新冠肺炎病毒（COVID–19）大流行的阴霾中。

每一天，新冠肺炎疫情席卷着世界各个角落——医护人员负荷超载，个人防护设备缺乏，越来越多的患者逝去。时间画面定格，让人沉寂窒息。我们这些有幸还能够坐在桌前参加视频会议、电话会议的人，都埋着头，更加专注地工作。

在此背景下，这本书对我们来说就具有了全新的紧迫性。我们的制度和习俗都经受了挑战，此刻，我们需要更多有识人士的帮助，拨正航向，应对空前的挑战。就此意义而言，这正是我们撰写这本书的宗旨——在我们的专业经验、知识与当前挑战之间，搭建一座更持久的桥梁，为我们的大众提供帮助，让他们走出困境，重建未来。

尽管我们不在抗疫最前线，没能与皇后区（Queens County）的护士们或柯克兰（Kirkland）的急诊医生们在一起，但我们仍然每天都在问自己：“我们能够为他们提供什么帮助呢？”作为各个不同领域的专家，有必要为世界上所有人的需要贡献我们的解决方案。

我们希望，你能发现这本书是有用的，它不仅有助于你在这场危机中重建可能失去的成功，而且更重要的是，有助于你重新认识自己，并以你独特的背景、技能和智慧去帮助你的客户，为他们的团体和客户创造更光明的未来。

感谢你选择了这本书。

敬请保重，祝安康！

汤姆　雅各布

Contents | 目录

第二部分　我们如何提供帮助

第四章　深耕客户要了解什么

第一部分

为什么绝不推销

埃森哲（Accenture）公司是全球最大的管理咨询、信息技术和业务流程外包的跨国公司。埃森哲北美战略项目主管沃尔特·希尔（Walt Shill）正在主持一个客户业务项目团队会议。会议室里就座的都是为一个全球性大客户提供专业服务的同事。他们从世界各地汇聚到总部来，为的是进行年度工作总结，讨论明年的拓展客户业务计划。大家借助埃森哲的业务特长，评估某项客户服务工作的不同业务要素，深化理解针对该客户的业务模式（如供应链优化、后台集中控制、革新预算方式，等等），进行头脑风暴寻找一些创新建议。突然，一个声音打断了会议进程："这是在做什么？我们不想成为钻进钱眼里的掮客！"

希尔，一个充满激情的人，发火了。

"你们在这里瞎琢磨些什么呀？我们应该是客户的救护车！如果你认为我们没能给客户提供帮助，认为我们的所作所为没能给客户增加价值，那就另谋高就吧！用我们的技巧解决客户的问题，这才是我们应尽的义务。"

回顾我们50多年的专家服务（expert services）经历，我们得出了一个结论：专家服务与对销售的厌恶感，这两个概念之间存在着很强的关联性。有趣的是，那些对特定学位或专业证书要求越高的领域（比如法律专业或会计专业），这种关联性就越强。比如，在公交长椅上做的广告业务，在房地产经纪人眼中也许是能够接受的，但在顶级律师眼中却是完全不可想象的。我们曾自以为是地认为，只要按我们自己的思路做得足够好，阿里巴巴之门就会为我们打开。但是，事实上，只有建立在客户需求上的专业服务才是有意义的。当客户需要帮助时，我们就是救护车，这才是专家应尽的道德义务。

01
第一章

我们是谁
以及我们想要解决的问题

第 1 节
不积跬步，无以至千里

沛思公司是一家专注于向从事专业服务的公司提供专业服务的公司，可以称之为“专家的专家”。以下场景描述了沛思公司专业服务人员的日常工作。

我们是空中飞人，穿梭于全国各地，拜访客户。我们的两位同事分别是汤姆和较年轻一点的雅各布。

现在是星期五下午，我们终于可以回家度过一个期待已久的周末了。雅各布正在琢磨如何赢得斯波坎街头篮球赛（Spokane’s Hoopfest），他和他的连襟已经连续参加该赛事三年了；汤姆则要去蒙大拿州西南部参加麋鹿狩猎季。

刚刚在曼哈顿，我们为客户和潜在客户举办了为期两天的会议，这是一次节奏快且令人满意的旅行，现在我们终于可以一门心思奔回家了。不过，想到这长达两天的逗留还拖延了其他的工作，并积攒了数十封电子邮件等待处理，两人都不禁叹了口气。

汤姆身着蓝色西服、印花领带和黑色系带鞋；雅各布则穿着一套时尚名牌西装，不打领带，配上棕色鞋子和绿色菱形袜子。两位商务人士，夹杂着些许灰发，正在纽约拉瓜迪亚（LaGuardia）机场拥挤穿行，踏上回家之路。

我们躲进航站楼东端的化妆间，将西服换成牛仔裤、舒适的鞋子和毛衣，准备回家。汤姆前往蒙大拿州西南部的博兹曼（Bozeman），而雅各布将在盐湖城（Salt Lake City）与他分别，返回华盛顿州的斯波坎。

在机场换装是有某些规矩的，比如，不要选择没有衣钩的档位，不要脱下袜子，不要将登机箱放在马桶盖上（否则可能会损坏冲水装置）等。

做专业服务的人都一样，都是出差狂人，奔走于世界各地，用我们特殊的专业知识，帮助专业服务企业推动业务开发。我们本身就是会计师、人力资源专家、律师、软件集成商、工程师、策略顾问或网络安全专家。

专业服务人员有一个共同之处：我们跟客户是同行伙伴，要努力建立起客户对我们的信任，积累信誉，以出售我们的专业知识。信任是指客户相信我们是真心实意地为他们服务，信誉则代表我们有能力帮他们解决问题。我们要找出客户公司存在的问题，帮助他们应对挑战。虽然专业服务（professional services）的内容各不相同，但目标都是相同的：帮助客户实现创新、创造和建设，解决问题。

最近，《经济学人》（*The Economist*）杂志有篇文章这样描述专业咨询师们的套路："先恐吓，揭开客户公司的疮疤；再安抚，为改进其问题提供咨询业务。"我不认可"恐吓"这一说法——这听起来就像强买强卖，我们讨厌那样做。不过，我倒是同意后面一句，专家服务提供商就是要努力帮助客户改进问题。作为专业人士，我们提供给客户的服务包括经验、观点、智慧、培训还有惨痛教训，这些都是我们从多年的工作中积累得来的。

提问

汤姆与道格·弗莱彻(Doug Fletcher)曾合著过一本书——《客户购买行为:咨询和专业服务人员业务开发实用指南》(*How Clients Buy: A Practical Guide to Business Development for Consulting and Professional Services*，以下简称《客户购买行为》)，我们现在的这本新书，可以看作是其续集。在那本书中，汤姆他们提出了一个问题:

在专业服务中，让客户接受新业务的秘诀是什么?

我们采访了一些权威专业服务公司的成功企业家(或者称游说高手)，包括法律、咨询、工程和金融等领域，详细了解了客户与专业服务商之间的互动过程，并从中学到了很多东西。不过，不久之后，他们中间有许多人就写信问我们:我们真正需要的是拓展当前客户的业务关系，我们该怎么做?

这种反应不足为奇。我们向专业服务商咨询过:新客户业务和当前客户的扩展业务，对公司年度收入同比增长率的贡献分别有多大?有报告说，当前客户扩展业务占新增收入的比例达到了80%~90%。我们在沛思公司也看到了相同的数据。扩展当前客户关系比去拜访和寻找新的潜在客户的机会更大，至少在短期内是这样的。

有时候，我们会听到那些权威专家谈论他们是如何去“开创”一个新客户的业务的。《客户购买行为》一书为我们提供了这个领域的入门课程，而这本《绝不推销》将介绍如何扩展当前客户的业务。因而，我们提出一个简单的问题:

在当前客户内部扩展新业务的秘诀是什么?

专业服务是各不相同的

在《客户购买行为》一书中，我们学习到一个观点：专业服务的购买不同于一般产品的购买。比如，汤姆和妻子玛丽（Mary）刚刚购买了一台新的笔记本电脑，选中了联想 Lenovo X1（开市客连锁仓储量贩店有售，RAM 配置 16 GB）。他们先做了研究，比较了处理器速度、可靠性测试、重量、尺寸、颜色、存储容量以及价格，并根据《个人电脑杂志》（*PC Magazine*）的逐条评测，画出一个矩阵表，列出笔记本电脑的各个关键指标。然后，每个人选择自己认为最重要的指标，玛丽选择了轻和快，汤姆选择了耐用，双方都选择了主要用途为收发电子邮件和上网。

根据指标的重要性，汤姆和玛丽对几种电脑进行排名，缩小了选择范围，最终轻松地作出了决定。这种购买方法被称为“Excel 表导向比较购物法”（Excel-driven comparative shopping method），可用于购买汽车、电话、飞行旅程，有助于在功能与属性、需求与预算之间实现较好的平衡。

但是，专业服务的购买方式却不是这样的！专业服务的购买，关键在于声誉（reputation）、推荐（referrals）和关系（relationships），而不是功能、属性，更不是价格。

正如迈克尔·麦克劳克林（Michael McLaughlin）所说的：“专业服务提供商与其他普通商家的区别，首要的、最重要的在于创意。”他是全球最大的基础设施资产管理公司麦格理集团（Macquarie）在美国地区的负责人。

举个例子，假定你的父母退休了，住到了佛罗里达州那不勒斯（Naples）的珊瑚海湾。他们已经到了不需要再关注纳税的年龄了（他们连车钥匙放在哪里都记不住，更不用说弄清楚 K-1 收入是否符合 20% 的年扣除标准了）。可是有一天，他们打电话跟你说：“能在这里找到帮我们报税的人吗？”

你也不知道应该找谁。没有报纸杂志对佛罗里达州的税务会计师进行排名，也没有网上工具可对这种服务进行价格和质量上的平衡选择。感恩节到了，你飞过去看他们，坐上来福公司（Lyft）的专车去到他们住的老人生活社区，看到路边的一个广告牌上写着：“麦马金和帕克斯：科利尔郡最聪明的注册会计师（CPA）。”你不禁笑了，感觉他们大言不惭以至于有些荒谬。

到了大厅，你拿起一本广告小册子，上面写着：“杜威（Dewey）、奇特姆（Cheatum）和豪（Howe）：天堂海岸最便宜的注册会计师。”你又乐了，这些都不是你要找的，你只是想要一个好的报税会计师，而不是要找一个会计来把一分一厘算清楚。其实，你知道自己真正想要了解的问题：专业服务提供商收取的价格与感受到的服务质量会不会差太远？毕竟，人们都认为，在旧金山每小时收费 1 500 美元的律师肯定好于每小时收费 150 美元的律师。

最后，你给一位大学校友打电话，他在国际四大会计师事务所之一的安永会计师事务所（Ernst & Young）的迈阿密办公室工作，你问他是否可以推荐一位在那不勒斯工作的报税会计师。

他回答：“我不是你要找的人，我是从事跨境业务（cross-border work）的。但我这里有个同事，她的妹妹几年前毕业于得克萨斯大学奥斯汀分校，现在在迈尔斯堡开了家小公司，声誉很好。而她正在为一些退休老人做报税工作，我可以给你介绍一下。”

好，成了！没有 Excel 表格，没有功能或处理器速度的排序分析。

仅仅依靠声誉、推荐和关系，这就是客户购买专业服务的方式。

扩展业务：到底有多难

按理说，对于已经合作过的老客户，再为他们多做一些事，应该是很容易的。当客户项目完成之时，就是芝麻开门之时，新的业务机会将连绵不绝地扑面而来。只要好好工作，做出优秀的成果，就能建立起值得信赖的关系。可以这么说，信誉和信任是保障可持续性咨询业务关系的两个桥头堡。信誉源于优秀的工作成果，信任建立在牢固的客户关系中，将两者牢固地联结起来，就可搭建客户关系的通天大桥。一旦电话铃声响起，即客户有事求助，那我们大显身手的时候就到来了。

真的是这样的吗？也许是吧，但也许不是。

以沛思公司为例，10 年前，汤姆和雅各布加入了公司，分别担任首席执行官（CEO）和首席运营官（COO）。当时公司只有一个客户，占公司年收入的 95%，这让大家非常担心，因此公司将所有精力都放到了寻找新客户上。

今天，我们最大的客户只占了公司收入的 20%，其余部分来自团队开发的新客户。我们的理论是，如果公司能与这些新客户源——多半是数十亿美元的大企业发展出稳定的新增业务，那么公司的未来增长就可期了。就像电影《梦幻成真》（*Field of Dreams*）中，雷·金塞拉（Ray Kinsella）的理念一样："只要我们坚持下来，奇迹就会发生。"

但是，奇迹并不总会发生。

新增业务并没有奇迹般地出现，我们不得不继续奋斗。比如，我们一个历史最悠久的项目，每年能帮我们获得 14 万美元的收益，客户是一家市值达 140 亿美元的信息服务公司，它的业务就未能持续下去。客户与我们的关系良好，每年都会邀请我们参加他们的年会。但是，在他们的 44 000 名员工中，竟没有一个人打电话邀请我们参与其他的业务工作。

同样，有一家大型信息技术集成公司，我们为它提供了15年的服务工作，整合起了首席财务官、首席信息官和首席运营官的团队。但是5年前，该客户进行转型，宣称要重点设立首席数字官（chief digital officer），以应对IT市场的颠覆和变革。他们联络我们了吗？需要我们去帮助它建立首席数字官团队了吗？没有。尽管他们知道我们能够做得好（有信誉），也信任我们，知道我们的专业服务在给客户的回报率方面一直保持着良好的记录。

我们开始怀疑，是否存在结构性、系统性的原因，使得在当前客户内部扩展业务的工作变得困难。《客户购买行为》是这样描述的：

> 我获悉，一家全球能源公司计划实施提前退休项目，于是公司决定为此启动一项咨询项目。我是撒哈拉以南非洲油田(sub-Saharan oil field)勘探合同的高级谈判专家之一。业内人士都认为，在与埃克森美孚公司（Exxon Mobil）、英国石油公司（BP）以及其他大公司的咨询业务的基础上，由我推进这项业务应该很容易。不久，我们就组成了一支由工商管理硕士（MBA）组成的团队来推进各种项目，当时我对此很有把握。但是，在团队成员达到约20个人时，项目进展却停滞了。我们与上述大企业的合作主要是基于网络，无法破解客户公司内部的更多业务问题。我与大型咨询公司的朋友们讨论过此事，他们的大部分新收入是来自当前客户，那么，有什么问题是他们已经解决了而我们不知道的？
>
> 曾经，我接手管理公司的网络安全业务项目，客户是国际四大会计师事务所之一。这是个爆发性领域，当时我们名噪一时。7月份，

> 我的老板对我说："我需要你做出明年的收入预算，我们公司整体增长目标要达到12%。"当时我下巴都快吓掉了，因为我并不确定我们在客户内部的业务还能怎样扩展。

有馅饼卖吗

每隔一两个月，就有人走进我们公司的办公室，问我们有什么类型的新鲜馅饼卖，但每次都不得不让他们失望地吃了闭门羹。我们确实在销售一种服务，内部称其为PIE，但当然不是有些人想吃的"馅饼"①。我们的PIE是一种专业服务项目，而不是那种裹着黄油的、新鲜黄色的多层馅饼。我们帮助客户建立其潜在买方的推广同行社团（peer groups），我们所做的工作是召集这些潜在买方，对其进行持续的、有针对性的推广活动。

在专业服务的世界市场上，我们占有一席之地。我们向从事专业服务的公司提供我们的专业服务——业务开发支持服务，主要是通过建立流畅的高管人员交流沟通渠道来实现的。正如汤姆的儿子威尔逊（Wilson）喜欢说的："我爸爸是顾问的顾问——元顾问。"这常会引起他的同学和朋友们的大笑。

基于这个利基市场，我们竭尽全力地协助专业服务公司进行业务开发。我们劳心费力所探求的，不仅仅是如何发展自己的业务，也是如何帮助客户发展他们的业务。我们为遍布全球的最大咨询、技术和会计公司工作，所积累的经验让我们具有独特的视角。50多年的行业经验可以让我们提供无数的案例以及可借鉴的关系给我们的客户。

---

① 美国人把馅饼叫作派，即pie。——译者注

承诺：绝不推销

这个世界充满了棘手的挑战，日趋复杂，日益严重，常常让人有灭顶之灾的感觉。不过，好的一面是，越来越多的、受过良好教育的、经验丰富的专家们参与进来，一起迎接这些挑战。

我们的思路是，如何将这些挑战与最能解决这些问题的人联结起来。如果可以通过协作和联结将所有人团结在一起，世界就会变得更加智能、更加凝聚了。而一个凝聚的世界，将会变得更强大、更安全和更稳定。

如果没有人站出来振聋发聩地发声，而是都不露锋芒、事不关己，美好的一切就不会降临。就算是大家都能理解你的能力、你能创造的价值，也是枉然。所以，我们的使命就是发掘机会，做更多的工作，建立卓越的业绩，一次又一次地推动业务向前扩展。

本书将揭秘如何才能达成这个目标。方法是简单的，我们向那些成功的企业家们请教，了解他们的成功之道，以及在假设客户存在需求的情况下怎样做才能加深与客户的互动关系并扩展业务范围。就像在格林童话中，女巫猎人格蕾特（Gretel）穿过森林时，在沿途走过的地方都会撒面包屑，以标记回家的路，这就是有名的“面包屑导航”。商业发展成功的路上也会留下我们的足迹，循着这些足迹，就可以使我们的客户数增长两倍、五倍甚至十倍！

本书路线图

本书共分为两部分。

第一部分为“为什么绝不推销”。基于机遇与挑战的二维坐标，我们构建一个专业服务的实践理论空间，用以记录专业服务提供商在客户内部的成长足迹。由此，我们提出了专业服务领域的五大挑战，以此解释这种新型专业服务项目为什么不会自然而然地出现在我们面前；再者，阐述机会开发钻石模型（diamond of opportunity）源于成功企业家们的经验，总结出了六种扩展当前客户业务工作的模式；最后，回顾了客户购买行为必须具备的七要素：知道、了解、兴趣、信誉、信任、能力和时机，讨论了这些要素在获取新客户与扩展当前客户的工作中各自不同的适用形式。

第二部分为“我们如何提供帮助”。我们介绍了客户开发计划，以及准备制订计划时应该询问的各种问题，还描述了权威专家关于深耕客户的七项准则，重点在实践操作和工具上，关注如何在客户内部的现有业务之外取得突破性的扩展。七项原则的具体内容为：做好业务、做好朋友、用好团队、用好激励、做好倾听、讲好故事以及做好提问，这些将为客户深耕提供有力的支撑。最后，我们讨论了本书所述专业服务公司的业务开发组织、技术发展，以及对推动与客户有效合作的变革可能会带来的影响。

相关专业命题

沃尔特·希尔现在是全球环境与可持续性咨询公司（ERM）的业务开发负责人，在此之前，他是埃森哲公司的北美战略项目负责人，再之前，他是世界领先的全球管理咨询公司麦肯锡（McKinsey）的合伙人。在我们撰写本书的初期，一个周六的下午，在弗吉尼亚州雷斯顿沃尔特家的花园里，雅各布向他提问：“如何销售专业服务？”

沃尔特回答：“雅各布，永远不要说推销，专业咨询服务不能靠推销，我们应该是客户值得信赖的顾问。”

他解释，作为专业服务提供商，我们是在客户实现其业务目标的过程中努力为其提供帮助和服务的。

博钦律师事务所（Perkins Coie）的斯科特·华莱士（Scott Wallace）对此表示赞同，他说：“我们从不说对公司做销售。我也从未听说过‘进行销售’或‘推销’，你能听到的是‘业务开发’一词，而不是‘销售’一词。”

我们专业服务提供商不做推销，只是与客户一起工作，一起去解决问题。

我们喜欢这个命题，由此，可以讨论的第一个问题是：“业务开发”是不是“销售”的委婉说法？是不是那些专家顾问们不愿自降身价与汽车销售员为伍，所以才发明了这一说法？或者是有其他的什么缘由？

我们认为，这是两个不同的术语。“销售”一词被定义为根据约定的价格进行商品交换的行为。在商业世界里，销售业旺盛发展、蒸蒸日上。我们购买电脑、汽车或房屋时，都需要对产品属性作优缺点的对照比较。一场令人满意的销售涉及的要素有透明度、礼节性等，只是其中并不包括信任或长期关系。社会上对“销售人员”常常带有消极的联想，他们会被指善于利用信息的不对称，投机取巧。比如，汽车销售人员了解了客户购买汽车的用途，就有机会推销一些售后收费项目，如延长保修期、低利率贷款以及维修用千斤顶等，这些信息是客户所没有的。

所以，我们认为“业务开发”是与建立关系、倾听客户相关的，其基础取决于信任和信誉。随着你始终如一地展现出良好的工作成果，建立增加价值的协作关系，信任和信誉就会不断增长。

经济学家在谈到专业服务时，将其称为“信任的产品”。信任（credence）一词来自拉丁语credere，意思是“给予信任”。客户在与你互动沟通之前，就会给予你信任。为什么会这样？因为你比他们更专业，了解的信息更多。

我们雇用网络安全公司保护我们的网络免受入侵，这是因为我们认为专家了解的网络威胁和防御比我们自己懂的要多得多。这就使网络安全公司在与客户的关系中处于优势地位：由着它自行诊断问题，提出建议。网络专家可能会说，我们仔细检查了整个网络底层，你们需要建立一个防火墙运营云平台，要进行 7×24 小时的监控；或者，可能只是推荐 Windows Defender（一款杀毒软件）。因为我们不知道这些解决方案的区别所在。

这就是商品与专业服务的显著区别之一，就像前面所述的汤姆家庭购买的电脑，那是基于商品的特征和属性。对于商品，我们可以自己诊断它所存在的问题：旧的笔记本电脑运行速度很慢，电池很快就没电了，而且很笨重。现在手头宽裕了，汤姆和玛丽就决定解决这些问题。但是，对于专业服务就不同了：客户需要诊断的问题，只有信任专业服务提供商，因为只有他们才能告诉你问题的真相，并确定解决问题的方案。

因此，商品可以销售，专业服务却无法销售。对于商品而言，别人（销售人员）的说法会有帮助，他们可以为你解释商品的特征、属性，并针对竞争商品给出比较建议。而对于专业服务，专业服务顾问的秘密武器不在于讲述，而在于倾听，只有通过倾听才能发现机会。我们的专业服务技能要与客户的信任保持一致，才会产生共同的机会。

销售与否

综上所述，这就是为什么我们不愿意将“追加销售”（upselling）的概念联系到扩展客户业务上。比如，你说：“夫人，需要我帮你换成更大的吗？”这就有点诱导操控、变相强卖的味道了。

“交叉销售”（cross-selling）一词也经常出现，用以描述如何与客户进行更深入的互动。问题在于，我们不确定交叉销售的确切含义：交叉销售发生时，是在为同一客户推广同一产品的不同功能，还是在整个客户群体中将同一个产品功能推向不同的买方？

从产品销售领域借用来的术语与专业服务领域不完全匹配。与其这样，还不如从头开始如实地描述我们想要表达的内容。

反过来，我们如果将提问“如何追加销售”“如何交叉销售”简化到“如何提供帮助服务”那么会产生什么结果？简单的词语变换，就会引起思维上的转变，从交易转向关系，看起来更加友好。由此导出，想客户之所想、急客户之所急，就是我们的使命。这又回到了沃尔特的观点——这正是我们的任务。

还有一些相关的表述，比如，我们自认为是一些专业人士，包括顾问、会计师、律师、工程师和战略家等。但与其使用这些重复冗长的词语，不如将自己统称为“专家”或“专业服务工作者”。这些总括性术语，用以描述那些基于信任和信誉才能提供帮助服务的人。

除了一些专门的采访外，这本书还讲述了一些我们自己的故事。这些故事反映了我们的经验积累，且是基于过去25年与我们合作过的真人真事。当然，书中涉及的有关人员和公司的名称及其详细信息已做了修改。

作为开场白，本章已经够长了。让我们马上开始吧！

02
第二章

起点与机遇

第2节
学习客户培育

从记事起，查理·默瑟（Charlie Mercer）就向往成为杜克大学（Duke University）的蓝魔（Blue Devil）队员：“我在美国东南部大西洋沿岸的罗利长大，上杜克大学是我毕生的梦想。”

还在上高中时，查理就已经身材高大、肩宽体壮，是天生的运动员坯子。他在棒球队中担任一垒，在篮球场上担任前锋，都获得了良好的成绩。他还加入了乐队，并且是学生会骨干——他是一名全面发展的好学生。

“年轻时代所能取得的成就，真是令人难以置信。”在位于研究三角园（Research Triangle）的公司办公室里，查理说：“甚至在上大学之前，有些人就能有所发明，或以某种方式脱颖而出。我不是说我自己。我在很多方面都很不错，只是并非很突出。”

在杜克大学时，他主修公共政策学科，也是一个社团的副主席，同时还加入了一个名为 The Facebook All Stars 的乐队。

“共同点在于，”他说，“公共政策学科涵盖了所有方面，从经济学、领导力到非营利组织、政治科学等，正是学习了这些全面的知识，我进入了专业服务领域。”

也就是说，查理非常成熟，因而在毕业后能进入专业咨询服务公司。在那里，他的能力得到了高度评价，他能够融入任何环境，厘清商业模式，与客户建立关系等。同样，领导团队的能力也成为其职业阶梯上重要的一环。

查理的第一份工作是在 The Advisory Board，这是一家全球性的研究、技术和咨询公司。后来，他加入了 Stockamp & Associates，这是一家专注于医疗保健咨询业务的公司，尤其擅长改进收益周期流程，该公司之后被提供全球金融及运营服务的休伦咨询公司（Huron Consulting）收购。

凭着在 Stockamp & Associates 公司的出色工作经历，查理获得了到北卡罗来纳大学商学院深造的机会，并在那获得了工商管理硕士学位。毕业后他加入了世界四大会计师事务所之一——德勤会计师事务所（Deloitte）。

谈到进入德勤，查理解释：

> 在 Stockamp & Associates 公司，我们经常做同样的事情，一遍又一遍地做。在商学院的第一学年之后，我曾到一家私募股权公司实习。我喜欢每天都不一样的工作，因此我最终会返回咨询行业就不足为奇了。在德勤我可以探索不同的行业，从事不同的项目。刚进入德勤工作的时候，我在战略与运营部门，从事战略、并购和流程改进项目等方面的工作，接触到了各种类型的业务问题，并从中学会了如何比较各个不同行业的问题。

查理在德勤如鱼得水，大放异彩：

刚出校门的商学院学生，工作岗位为分析师；做下去，会做到高级顾问；经过一段时间，提高了自己的能力，就可能做到项目经理，这大概需要两年的学徒期，或者说两年的试用期。我在每个项目上的工作都是不同的，在一个项目上可能做分析师工作，而在另一个项目上则可能做管理分析工作，以及负责把控工作流程。

企业三角色

每个成功的企业，都必须具备三个岗位角色：执行者（Grinders）、管理者（Minders）和引领者（Finders）。执行者从事实际具体的业务工作，管理者负责团队内或团队之间的工作协调管理，引领者则从产品定位到市场客户，为公司寻找新的业务机会。

进入德勤的前两年，查理一直在执行者岗位，下沉到一个大型盐矿工程里，一个又一个项目地连轴转，一直工作在第一线。

正是因为这样的工作经历让他的能力得到了锻炼，不久后他就被提升为经理。他说："经理的工作是管理。市场部门的伙伴落实客户的项目订单，定义好项目边界。我作为经理，负责协调团队，把握方向，确保项目按合同交付，并满足客户的需求。"

当时，德勤送他到位于得克萨斯州的德勤大学进修。在那里，一群新上任的项目经理一起接受培训，学习如何与他的团队成员一起设定期望目标，如何实施以结果为导向的管理，如何做管理者。

查理很快就认识到了在公司内部建立自己品牌的重要性。他说："你需要让自己拥有某方面的特长，让公司在遇到某些特定问题时就想起你，并且需要与人合作做出优秀业绩。公司的客户订单越来越多，都争着要求你来运营他们的项目，久而久之，你就成了公司业务开发流程中的王牌了。”

查理开始被打造成公司的引领者，他解释：“项目经理的工作是管理整个项目，并确保满足客户的需求。我与多个项目经理合作过，大家越来越信任我，我承担的工作越来越多，甚至包括业务开发层面的工作。”

查理要帮助开发客户市场，进行项目前期研究，跟市场人员一起见客户。他也没想过他能参与推动公司的业务开发，这都得益于他丰富的项目经验以及见多识广，并且善于学习吸收。

查理回忆：“项目还在制订方案阶段，我就开始进入项目了。对我而言，开发出优秀的项目方案绝对具有激励作用。等项目进入商务阶段，把它交付出去后就不是我的工作了，或我已感受不到激励了，就让同事们去做。”

在晋升高级管理层之前，查理离开了德勤，成了卡普斯通公司（Capstone Event Group）的联合创始人。这是一家举办跑步运动比赛的公司，拥有著名的旧金山越湾长跑（Bay to Breakers）赛事的特许经营权。卡普斯通的业务在稳步扩展中。查理这样描述他们的公司：“我们有效地举办、管理这些赛事，为这些特定团体活动建设一个长期的家园。”

如果查理继续留在德勤，那么随着时间的流逝，他很可能会取得企业引领者的角色地位。他引申开来说：

> 作为高级经理，我的工作目标开始直接与销售挂钩。从本质上讲，高级经理是要被培养成合伙人的。德勤就是这样培养人的，先在分析师岗位获得奖励并提升，然后在管理岗位得到奖励并晋升，直至

提升到负责一个新业务领域。这是一个缓慢的过程，但是你最终会走向尝试开发创新的业务，这就是通向合伙人之路。当然，一旦成为合伙人，开拓业务就成了你的一切。

我认为，从文化上来说，德勤试图传达的核心信息是：合伙人应该起着引领大家向前的作用，而不能仅仅只有销售目标。相反，少数更高层人士的履历，就是从做好业务、建立稳定的客户关系开始的，最后都将进入销售过程中去。

我们可以称之为“合伙人的使命”，要喝水须先挖井。德勤公司以及查理从一开始就很清楚这一点。

下一代企业引擎

如何从头培养合伙人，企业常常为此备感纠结。一家名列前茅的人力资源咨询公司的合伙人说：“我很担心，到哪里去找我们下一代的核心带头人？”

为迎接新员工入职，以及尽早让他们上手工作，企业都准备了各种各样的培训计划和一系列相应的工作安排。Womble Bond Dickinson是一家横跨大西洋的跨国律师事务所，阿什利·霍纳（Ashley Horne）介绍了他们公司的员工学习和提升计划。“我们公司为律师们提供了大量的培训和技能提升课程，其中有个Womble领导力课程（leadership Womble program）就是专门针对合伙人的，这有点像一种迷你工商管理硕士课程，可以让受训者真实地探究公司正在努力解决的业务开发问题，并参与帮助研究解决方案。我们也有公平机会（getting to equity）课程，让员工从中学习关系管理，如何从提升商务开发的视角中寻找灵感，如何推动用户订单发展，研究审视公司的各个层面（聚焦在运营与客户开发），以便更好地评估员工的行为成果。”

有些公司还设有大学课程或者企业“大学”，旨在帮助高级管理人员更快地成为“引领者”。但实际上，大多数年轻专业人员还是要通过实践来学习业务开发，靠与前辈员工共事的潜移默化、耳濡目染，也就是学徒制来学习，而不完全是靠企业系统性或结构化的培训。

我们在专业学校肯定是学不到这些东西的。博锐律师事务所（Blank Rome）的首席客户官科尔·西尔弗（Cole Silver）说：“法律学校是缺少这一块的。要知道，大学教的是如何去做一个真正优秀的律师和策略大师，却没有教我们如何去处理日常实务，诸如法律领域的商务发展、如何获取客户、管理其他律师、服务导向原则的客户管理等。实际上，我曾经与一些法学院的院长探讨过法学院开设市场营销及业务开发课程的问题，结果他们却说：‘这是无法通过美国律师协会（American Bar Association，ABA）认证的，所以我们做不了。’”

许多领先性企业努力将专业与商业更好地结合起来，创建结构化的培养计划，选拔具有潜力的专业人士进入专门的学习团体。这些未来的企业掌管者们在这里分享彼此的经验教训和各种方法，并在企业内部的不同岗位进行轮换，接触不同的业务领域与经营风格，培养出最佳项目的企业文化。

忽视这种有目的性的企业接班人培养计划对企业而言是危险的。特雷·科克斯（Trey Cox）是吉普森律师事务所（Gibson，Dunn & Crutcher）的合伙人，他说："我们进了法学院，在那里花了很多时间学习法律，但没有人教我们企业实务性知识。这些东西既不是我们本能具备的，也不可能是自然而然学会的。"

机会在哪里

合伙人的产生有两种形式：一是为公司创造新的业务领域，可以是从其他不相同领域的企业引进的；二是在公司当前领域内扩大工作内容。从各方面来看，后一种扩展方式蕴藏更大的机会，尽管它才是真正的挑战。

秋天的时节，苹果酒酒香四溢，橡树、榆树五彩缤纷，涂抹着红色、黄色、绿色和巧克力棕色。我们来到美国最有名的技术与商业咨询公司。他们曾将人送上月球，发明了ATM机，在著名的哥伦比亚广播公司益智问答游戏节目《危险边缘》（*Jeopardy!*）中与肯·詹宁斯（Ken Jennings）对擂的人工智能程序也是由他们设计的。100多年来，在其全球业务中，没有他们办不到的事。

我们采访了该公司一个业务部门的战略项目主管。

"与客户合作推进业务开发的秘诀是什么？"在一楼的咖啡厅，就着一杯意式浓缩咖啡，我们细细探讨，"你的销售队伍堪称传奇，而你又是以高质量著称，你们这是魔术组合吗？"

“可以这样想，”主管说，窗外有一片广阔的草坪，风吹草动，沙沙作响，“但其实，关键点在于：我们对两个业务部门进行了分析，发现在每个业务的收入和利润中，最大的份额都来自核心客户。这就是‘帕累托原则’（Pareto principle）在起作用：80%的业务收入来自 20%的客户。”

“是啊！很多公司都能看到这一点，”我们说，“客户数量与收入之间呈反比。”

主管身材矮小却头脑冷静，他继续说：

> 我们不是特例，许多公司都以此方式来细分客户。他们将生产力最高的客户冠以“钻石客户”“白金客户”或之类的名称。而有趣的是：我们在运用 80/20 法则比较的两个业务部门中分析发现，最大的客户只有 10%的重叠。想象一下，在一家硅谷软件公司中，我们的咨询业务赚了数亿美元，却没有销售技术产品和服务；而在另一家全球性的医药渠道公司中，我们提供了技术产品和服务，却没有提供咨询业务。我们企业内部的项目主管们就像活在不同的世界一样。

主管描述了在客户内部扩展业务工作的基本挑战之一：公司内部不同项目领域或专业领域与客户之间的脱节。在这个案例中，是技术产品和服务与业务咨询服务的脱节，也即左手不知道右手在做什么。

播种才能开花

“在德勤，我们鼓励员工做好业务，”查理讲，“与客户建立良好的关系，当客户遇到问题的时候，我们就应该在那里，并随时为客户提供帮助。”

比尔·伯奇（Bill Burch）是一位经验丰富的专业服务专家，也是英国外汇交易平台公司（ECFx）市场业务的负责人。在位于弗吉尼亚州利斯堡的公司总部，他介绍说：

> 向当前客户销售与向新客户销售是完全不同的。能够带来新客户的人被称为猎人，他们拥有很高的技能，深谙竞争法则，知道如何战胜竞争者；而另一类人则专注于向当前客户进行扩展销售，用销售术语来讲，这类人被称为农夫。

克莱尔奥战略咨询公司（Clareo）的皮特·布莱恩（Peter Bryant），对此表示赞同："农夫提供世界一流的项目交付服务，非常善于与客户建立关系，这就是他们能够扩展当前客户业务的原因。”

德勤公司知道，寻找全新的客户确实很困难，对大多初级员工来说更是如此。他们也知道，基于当前客户，争取附加扩展业务机会的可能性要高得多。这就是为什么公司先让查理专注于客户培育（Farming）并要求他“当客户遇到问题的时候，我们就应该在那里，并随时为客户提供帮助”的原因。

专家说，企业中80%的业务收入来自20%的客户，统计学上称之为“幂律关系”（power-law relationship）。“幂律关系”指两种数据集之间的函数关系，其中一个量的相对变化会导致另一个量相应幂次比例的变化，无论该数据集如何增长或缩减，一个量总是另一个量的幂次方。幂律定律表现的是强反馈现象。在这个案例中，客户数量与单客业务收入之间呈反比关系。专业服务的反馈是难以累积起来的，信任和信誉的双桥头堡却很容易被摧毁。当信任和信誉两者都顺风顺水时，结构性动量就会出现：好工作会带来更多好工作，业绩就会像滚雪球一样，以指数级增长。

这本书就是聚焦如何做好当前客户培育工作的。基于大量事实和理由培育当前客户，对开拓新业务具有重要意义。

培育有更高的投资回报率

冷门业务拓展是需要烧钱的，遍及全球的竞争耗尽了我们的资源，让我们最好的员工筋疲力尽，而这一点却很少表现出来。撰写思想领导力文案、参加专业会议或投放广告等带来的效果都不佳，并且非常昂贵。掉过头来可能会更好，比如，你准备投入 25 000 美元进行业务开发，可以选择在《首席执行官》(*CEO*)杂志上刊登 3 个月的广告，也可以选择与 50 个客户共进晚餐，享受持续一周的美酒佳肴。显而易见，与那些在现有业务中给予我们信任和信誉的企业沟通工作更有效，获取新的业务机会的概率更大。

克里斯托弗·史蒂文斯（Christopher Stevens）博士是贡萨加大学商学院的教授，他说：

> 获得新客户比保持当前客户的成本至少要高 6 倍，甚至会高 8 倍……参与客户咨询业务、外出了解客户的业务、建立有关客户是什么、做什么等所有的知识库，尤其需要大的开支。我们要利用企业与客户之间的现有合作，扩展其他有价值的业务，寻求良好关系的变现。别浪费这种难得的客户资源。

培育让你提前发现机会

我们与客户坐下来，就他们的业务开发进行真正的对话，此时，我们就可能看到业务机会——有时甚至在客户自己认识到之前。商业世界不是机械的，天下攘攘、奔波忙碌，人们常常无暇去清醒地看到自己的处境与方向。正因如此，身边的朋友往往更有可能了解你的工作，看到你的潜在方向。

“艾莉森，我喜欢和你一起吃饭，”当你们在餐厅面对鸡蛋沙拉三明治，一起进行头脑风暴时，客户对你说，“你总是能提出最好的问题，这对我很有帮助，开启了我的新思路。”

客户在现场时，我们敞开胸怀，畅所欲言，不成熟的点子也尽情地说出来，集思广益，大家都沉浸在创新和创意之中。这种头脑风暴产生的创新点子，最终可能会出现在客户的年度计划中。我们不仅仅是要同客户合作做出前期需求建议书（request for proposal，RFP），更重要的是，要在此基础上创造出专业项目。因此，我们要求员工应用推广业务说明书（statement of work，SOW）扩展业务工作的陈述方式，不断挖掘我们迎接挑战的欲望。

培育让你更接近用户

大多数专家都有诸如此类的经历：我们来到本顿维尔（Bentonville）——全球最大的连锁企业沃尔玛的总部所在地。我们与沃尔玛客户团队分享和探讨如何提升设计能力、如何在交易时增强客户体验；与客户团队建立了融洽的关系，已经开始合作讨论他们的墨西哥店如何引进我们的服务。但是他们的跟进速度很慢，几个月过去了，他们拖了几个季度，又拖到了一年半。最后才从业界得知，我们在休斯敦的最大竞争对手赢得了这个项目。也不是我们表现得很糟糕，只是临门一脚我们没有抓住。

接近机会很重要，而且没有什么比就在工作现场更接近了。你不仅要第一时间了解客户的问题，而且要在几个月之后，当客户需要你时你就站在那里。

查理回顾说：

德勤认识到，项目能带来业务机会。在客户的项目达成交易之前，我们常常要参与合并与收购的项目研究，调查项目的行业背景、评估收购前景，以及站在客户角度分析：一旦被收购能为公司带来什么。如果客户项目最终达成了协议，并购和整合就将带来大量的后续工作。企业集成的工作是非常复杂的，稍出差错就可能给客户造成很大的损失。作为这个项目的经理，我们要经历一个自我质询的过程，我们要问，对客户而言最大的挑战是什么？他们当前所拥有的技术能力够吗？还需要其他手段吗？如果他们要选择不同的技术，需要我们来帮助他们做评估吗？如果项目促进协同增效需要削减部门，应该削减哪些部门？客户下一阶段最大的机会是什么？德勤为客户提供的这些问题，我们都全力探讨。特别是当合作伙伴到达项目现场，项目交易即将达成时，我们就要跟他们一起进行讨论。

培育能节约时间成本

约翰·诺德（John Nord）是沛思公司的总经理，从小在明尼苏达州的小镇奥瓦通纳长大，他的父亲从事生猪交易，也开设谷仓，他的母亲则是做行政管理工作的。

那时候，我迷上了曲棍球，白天黑夜都在玩。冬天，我父亲在自家的工棚里搭建了一间灯光明亮、温暖的小运动场，我们整天待在那里。你知道，曲棍球是一项进球率不高的运动，打进一球不容易，经过一个小时的艰苦鏖战之后，比分常常还是 2:1，甚至是 0:0。得分的关键在于高质量的射门，隔着半场老远地击球是没用的，即使获得了一个网前击球的机会，进球的可能性也不大。

换个角度看，我们专业服务公司的业务开发就像曲棍球比赛一样，是一项成功率低的运动，且销售周期很长。在沛思公司，我们每年签下的新合同要达 8 份以上，收入才可能实现两位数的增长。在这种环境下，“临门一脚”非常重要。所有的专业服务公司都一样，这就意味着要努力地争取到更多的客户业务委托才可能得到较高的成功率。有时，获得一个新客户可能需要一年多的时间，而在当前客户的基础上获得新项目通常几周时间就可以了。

培育降低了风险

埃丝特·维恩惠赞（Esther Veenhuizen）是甫瀚咨询（Protiviti）全球金融服务项目的市场总监，他说：“如果我们在客户公司中只有一位采购负责人，这将存在巨大的风险，要是这个人离开公司了我们怎么办？”无论这位采购负责人的离开是自愿还是被迫，其后果都是我们又回到了从头开始寻找“新”买方的境地。如果我们在整个客户组织中有负责人，还有关系人，那我们将处于更有利的地位。当这位采购负责人离开时还有其他人可以成为我们的保障。而且当主要采购负责人在客户内部推广我们的服务项目时，会议室中还有其他人帮我们发声，描述我们的工作质量，回应买方与我们合作的提议。

客户开发计划

“千里之行，始于足下”，这句放之四海而皆准的名言，也适用于我们专业服务领域。与其四处盲目出击，不如化箭为犁，埋头培育当下的客户，客户开发计划就是对此具体实践的一种表述。企业都非常重视客户开发计划的制订，“坐下来，对着我们的客户名单仔细讨论，如何才能对他们有所帮助。”这种做法已经在很多客户培育中得到证明，这里才是最容易收获客户机会的地方。

置身于这些客户开发计划讨论的会议中，能感受到从未面对过的信息大轰炸——各行各业、各类服务、各种关系、不同领域的专业知识、不同地域、不同风险偏好等，内容之广，让人应接不暇。

“应该尝试将我们的客户体验人员引进到客户的运营团队中。”

“在哪里？在这里还是在欧洲大陆？”

“我当时考虑的是在这里，但现在我想了想，你所有的关系都不在伦敦。”

“我们为金融科技公司做过客户体验交互设计吗？我觉得，我们研究的大多数案例都在消费产品方面。”

“不用担心。如果你让我们的团队直接面对客户的全球首席运营官，就能有所突破。不入虎穴焉得虎子。”

“你说得轻巧。这是我们的关键客户，事实上，到目前为止，我们在欧洲大陆上所有的业务都是婴儿护理领域。我不认识他们的全球首席运营官，就算在地铁上碰巧坐在一起也不知道呀。”

客户培育是一个富有挑战、魅力无穷的领域，让我们试试，在探寻各式各样的附加客户开发机会时，能否带来一些结构性变革。

第3节
机会开发钻石模型

阳光透过敞开的窗户，洒满了苏茜·克鲁格（Susie Krueger）的橙色书桌和灯罩。苏茜酷爱橙色，她说这使她心情愉快。静静地，一阵微风拂过，西班牙常春藤叶子沙沙作响。苏茜是沛思公司的总监，是一位出色的项目经理。她的著名项目之一，是为她的客户汤森路透集团（Thomson Reuters）争取到了与进入全美律所100强（Am Law 100）的大律师事务所的合作。汤森路透总部位于多伦多，由加拿大汤姆森公司（The Thomson Corporation）与英国路透集团（Reuters Group PLC）合并组成，是市值达60亿美元的商务和专业智能信息服务公司。苏茜努力让汤森路透与各大律师事务所的首席财务官（CFO）和首席信息官（CIO）走到一起。她介绍说：

> 经过10多年的精心培育，我们为汤森路透带来了巨大的价值，帮助他们与最有可能的买方建立实质性的关系。我们知道客户非常满意，每年都和我们续签合同，并向我们表达了他们对沛思公司的认可。

苏茜一步一步地稳固发展了与客户的合作关系，但是她敏锐地意识到，沛思公司还未能完全打开机会大门，与客户进行全方位合作的潜在空间还很大。她说：

> 汤森路透的潜在买方还有更多业务可以挖掘。我们设法安排他们与顶级律师事务所的首席财务官和首席信息官进行交流，为客户找到精确的市场目标。客户明白我们所做的工作，并认为我们做得很好。

当说出“客户明白我们所做的工作”时，苏茜就感觉到，世界上了解沛思公司价值的人太少了，远远少于能够或应该获得这些价值的人。“在过去的10年中，我们增加了一些项目，扩展了我们的领域，但我可以肯定地说，我们所能为客户提供的服务，还有很大很大的潜在空间。”苏茜所考虑的问题，是我们从整个专业服务行业的项目主管那里听到的问题之一。尽管你当前的业务工作可能做得很棒，但是新的机会也不会自己长脚跑过来。

没有汤森路透，就没有机会

苏茜的问题不是要去证明沛思公司可以胜任什么。她所面对的是一个最佳项目研究案例：客户服务工作的内在变革史。为了给汤森路透内部不同部门提供服务业务，她研究了各种方式，理解了此项挑战关键的复杂性：汤森路透不是单一的个体，也不代表单一的交叉销售机会。他们是一群专业人员，共同提供关键的、即时的信息服务，他们目标客户的领域为法律、企业以及商业等，帮助客户跟踪法规监管、税收、交易、合规性以及相关新闻大事等。如果将这个庞大、复杂的团体拟人化，它“知晓”苏茜所能做的工作，就可以提供给苏茜单一的机会做交叉销售，但这恐怕是不可能的。

在汤森路透，充其量地说，只有10来个人了解苏茜在做什么，知晓她和她的团队有出色的业务工作交付能力。汤森路透拥有25 000名员工，大多数人与苏茜素未谋面，且对苏茜知之甚少。像汤森路透的这种情况，并不是一个特例，大多数公司的结构都像一把张开的雨伞，按产品、行业或地理位置等分布连接，纵横布局，这是经过多年自然发展，在并购中累积起来的。

那么在汤森路透内部实现业务扩展的机会会有什么独特性？苏茜能够并且应该考虑从哪里入手呢？为此，我们调研分析了各个领域里的领先企业，遍及财务、法律、工程、信息技术、市场以及咨询行业，企业规模有大有小，通过与这些专注于当前客户业务扩展专家的交流，总结出下列获得开发机会的六种模式。专业服务的机遇期望巨大，面临的挑战非常独特，因此需要采用不同的战术和技能，才有可能成功。

增长：在客户公司与同一个买家做更多的相同工作。

扩张：在现有的服务范围内，与同一个买家做不同的工作。

推广：在客户公司与不同买家做更多已经做过的相同工作。

延伸：在现有的服务范围内，在客户公司与不同买家做不同的工作。

深化：与同一个买家做公司以前没做过的新的业务。

创新：在客户公司与不同买家做公司以前没做过的新的业务。

机会开发模型六维场景

专业咨询服务研究，自然而然地要给培育客户开发机会模型建立系统架构，赋予精辟的名字，并展示各元素之间的关系。由此，建立的机会开发模型如下图所示：

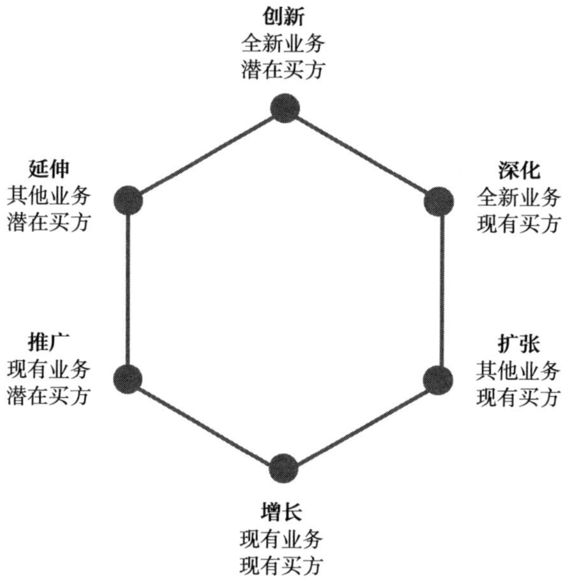

在模型的底端是培育客户的最简单模式，即持续不断地做更多的现有业务，这些工作是你正在做的、已经证明了你的工作能力并且得到客户认可的，这种被称为**“增长”**的工作方式就是机会开发钻石模型的基石。

而在模型的顶点，则是**“创新”**。这里跟进了业界最前沿的发展，有希望获得各种最新、最有挑战性的机会。全面地引进新项目，开发客户内部新的买方，与你没有合作过的人一起开辟新的业务，对你、对你的公司以及客户来说都是创新性的发展。在这种场景下，对客户而言，你需要有着极高的信任和信誉，才可能赢取这些项目。

在上下两个端点之间，有四个不同的赢取客户的机会开发模型，每个模型都需要综合各项技能，以便将你提升的能力引进到客户内部，与新的潜在买方建立密切的关系。

机会开发模型 1：增长

在客户内部开发增长机会的最直接方法是，利用先前与客户内部现有买方的良好合作，为同一买方完成更多相同内容的业务，我们称此为增长模式。这个模式位于机会开发模型的底端，是获取更多客户业务的最简单途径。它是基于现有买方的现有业务，只是业务规模增长得更多。

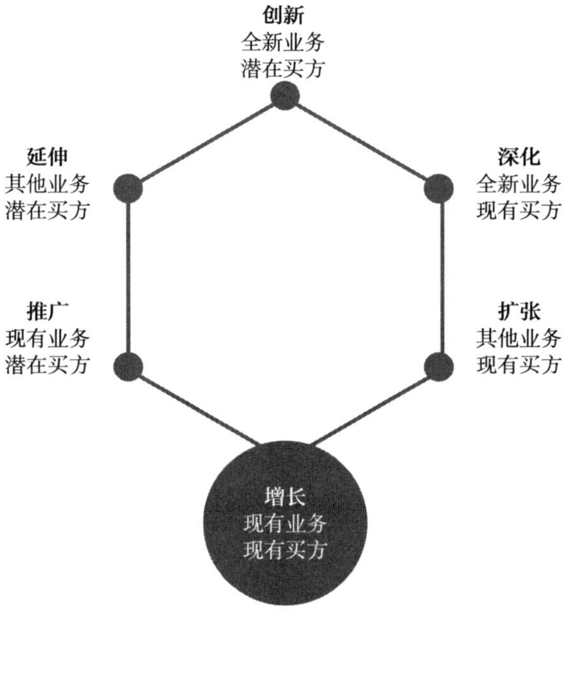

你该怎么做

比如，你原为一家西雅图制造工厂招募具有多元化和包容性的机械工程师。现在客户争取到了一份国防部的大合同，于是你建议帮他们招聘更多的机械工程师。

又如，在一个企业并购尽职调查的项目中，你代表私募股权公司的合伙人进行了盈利质量调查分析工作（quality of earnings）。不久，你就获得了对该公司所有交易都进行盈利质量调查的业务。这非常令人兴奋，因为你的业务在同一公司的同一领域增长了。

苏茜是怎么做的

在与汤森路透的合作项目中，沛思公司每季度都会帮客户召开一次全美律所 100 强企业的首席信息官会议。在这个项目合作成功的基础上，苏茜增加了现有业务的内容,同时帮客户举办全美律所100强企业的首席财务官会议，为客户大大提高了效益。

机会开发模型实务

增长。苏茜在基于客户内部已有的合作项目上增加了业务数量，提高了服务产出效益，提升了客户的业务规模，达成了合作双方的共赢。

机会开发模型 2：扩张

机会开发模型 2 能提升我们在客户内部的影响力，是为同一现有买方增加可提供的其他业务，这些业务是我们已经在其他客户身上成熟应用了的，这个方法被称为扩张模式。我们现有的买方已经很了解我们、信任我们，我们有了很好的工作质量信誉，很自然地就会增加一些新业务——并不是我们现在正在给他们做的，而是相关联的其他业务。我们请求现有买方，让我们在其他方面为客户提供有帮助的服务。

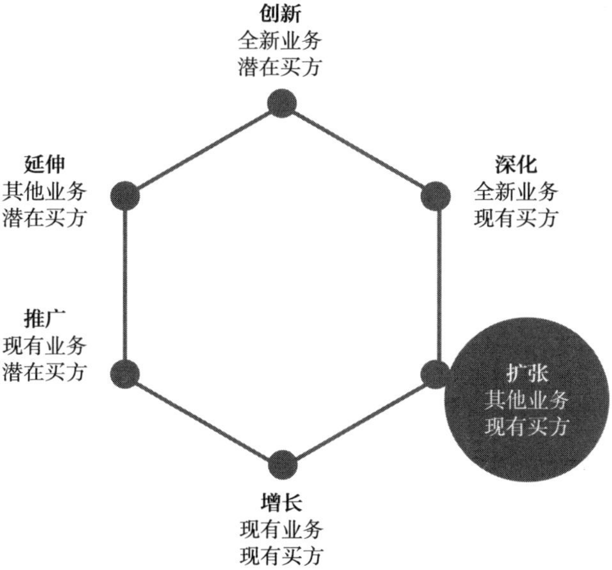

你该怎么做

例如，你为一家大型咨询公司的公用事业项目编写过运营手册。你得知，明年拉斯维加斯将举办单一欧元支付区公用事业会议（SEPA utilities conference），客户计划在会议上发表演讲，而你是有撰写演讲稿经验的，所以你询问当前客户买方，是否可以由你来为他做这个写作项目，他答应了。

又如，你在为电信服务商做外包收入确认分析项目。你向客户项目的负责人推荐一个新项目，说《加利福尼亚州商业法》（California Commerce Act）生效后，在用户隐私方面会有新的要求，因此他们公司需要着手准备更新、启动新的收款清单相关管理系统。关于这个项目你们团队已经在一些其他行业公司做过了。客户说，原来不知道你们也能做这种业务的项目。他们很快就同意了。

苏茜是怎么做的

在与汤森路透的合作中，苏茜想到可以在目前的项目工作范围中，引入现场活动，让业务得以扩展。苏茜解释说："我们代表客户建立首席信息官和首席财务官网络已经有几年了，现在正是探讨如何深化这个同行网络，帮这些高管们建立个人联系，将工作沟通渠道与社交活动融合起来的时候。"

沛思公司与汤森路透公司的合作一直是在虚拟网络上进行的，现在引入现场活动，正是专业服务业务自然而然的扩张。沛思公司确实成功地为许多客户举办过现场聚会活动，苏茜能够一口气展示几十个已经成熟应用的项目案例。

机会开发模型实务

增长。苏茜在基于客户内部已有的合作项目上增加了业务数量，提高了服务产出效益，提升了客户的业务规模，达成了合作双方的共赢。

扩张。苏茜向现有买方提供相关联的不同服务项目，合作从网络走向现场活动（这是已经成熟应用的项目）。

机会开发模型 3：推广

发展关键客户的第 3 个机会是推广我们已经在客户内部实施的现有业务项目。我们已经证明我们可以为客户提供更多服务，在客户内部寻找与潜在买方的合作机会，为更多的潜在买方提供服务。在某种程度上，这有点像是平行跨过客户内部的各个垂直领域或业务单位，看看其他单位是否也可以从我们的服务中受益。这种方法即为业务推广模式：以我们为当前客户提供的现有业务项目为基石，为客户内部的其他买方提供服务，通常他们与现有买方呈并行单位关系。

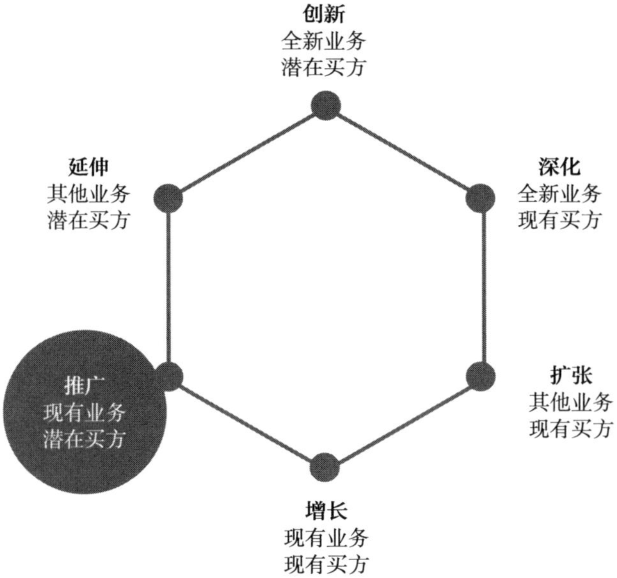

你该怎么做

比如，你是一家大型公众控股公司的下属企业的法律总顾问，为他们提供了一项精品商店知识产权服务项目。你询问客户公司的总法律顾问，是否能帮忙把这个项目推荐给集团下的其他兄弟公司。毫无疑问，你们也能为其他公司提供相同类型的知识产权服务项目。

又如，你们团队每年都会主办一家大型咨询公司的客户高层年会。在一次活动结束后的酒会上，你请求合作的客户公司市场总监写下对年会的感受，并将其传给他在公司里其他项目的同事，表明你可以帮助公司的其他部门也举办同样的活动。

苏茜是怎么做的

在汤森路透，苏茜了解到她的客户有一个特定的市场目标群：全美律所100强企业的首席信息官和首席财务官。同时，她也知道客户公司中还有其他部门也是做全美律所100强企业市场的，只是客户目标略有不同，但同样希望可以加深与当前客户和潜在客户的关系。苏茜在与现有业务的负责人聊天的过程中了解到，公司另一部门负责与媒体和电信领域建立业务关系。于是，苏茜希望自己能被介绍给负责这个部门的同事，说她可以帮助这个部门开发同样的业务项目，我们沛思公司为汤森路透做的全美律所100强企业项目已经被证明很成功，可以将其扩展到客户公司的其他业务领域。

机会开发模型实务

增长。苏茜在基于客户内部已有的合作项目上增加了业务数量，提高了服务产出效益，提升了客户的业务规模，达成了合作双方的共赢。

扩张。苏茜向现有买方提供相关联的不同服务项目，合作从网络走向现场活动（这是已经成熟应用的项目）。

推广。苏茜将自己在客户内部实施的现有业务项目推广到另一业务部门，在客户的媒体和电信领域，合作建立了一个新的共赢项目。

机会开发模型4：延伸

为客户提供帮助的第4个机会是在客户内部合作边界的延伸模式：向客户

公司内部的不同买方提供服务项目。这是在我们现有的服务专业范围内的成熟项目，但是还没有在该客户公司应用过。我们有跟其他客户合作这种项目的案例，只是在这个客户公司里可能没有人了解，并且这家客户公司内部负责该项业务的部门我们以前也没有与其合作过。在这种情况下，我们可能需要付出更多的努力才能在新部门中赢得信任和信誉，否则可能连门都进不了。

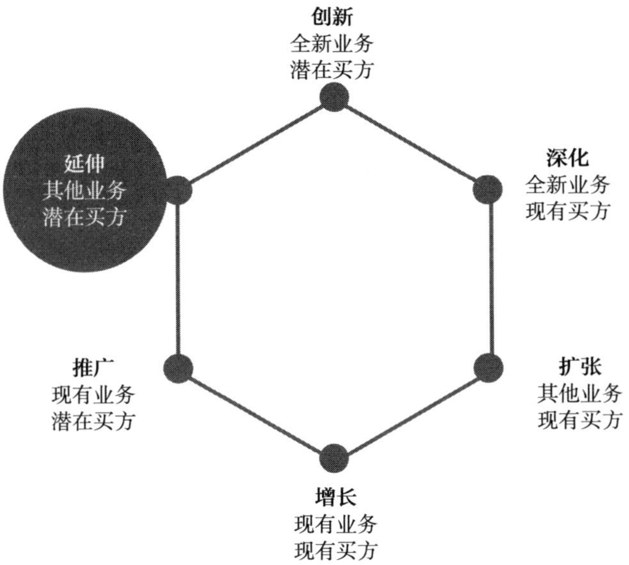

你该怎么做

例如，你为一家大型零售商提供房地产策略咨询服务，最近刚刚完成了一个服务项目：帮助负责客户体验的部门在纽约的新公司制定定位战略与规划。在一次工作现场的拜访中，你遇到了客户公司的首席人力资源官。他提到公司正在考虑在纽约总部采用开放式办公室的设想，而你们公司帮当地其他企业做过这类办公场所改造的项目，于是你跟他分享了一些项目实例，并表示很乐意能为他提供服务。

又如，你曾为一家大型运动服装公司做过平面广告活动的设计工作。你合作过的广告总监很欣赏你做的设计工作。他希望在即将赞助的一场体育比赛中能加入一些类似主题活动的设计，于是他将你介绍给他们负责赞助部门的总监。很幸运，这项业务正好是你的强项。

苏茜是怎么做的

苏茜在与汤森路透的项目负责人沟通的过程中，常常会留心询问他们公司的研究部门正在做些什么。苏茜在沛思公司就是负责研究部门的，具有丰富的经验，只是还没跟汤森路透的研究部门合作过。在过去几年中，她每隔一段时间都会去和汤森路透的项目负责人沟通一下，终于有一天得到了回应。负责人说前几天他从研究部门的同事那里听到了一些信息，想到可能与沛思公司有关。研究部门希望能从全美律所 100 强的企业中选择 50 位人力资源主管进行沟通，以了解人力资源信息管理系统的购买决策因素，这个部门看起来可能需要相关帮助服务。

苏茜听到消息，精神为之一振，沛思公司为其他客户提供过人力资源服务项目，包括高管的招募、面试，以及将面试材料综合成报告等。苏茜拿到了研究部门负责人的联络方式，开始跟进信息，提供帮助。这就是客户内部的延伸模式：为客户内部的其他潜在买方提供新的业务。我们虽然以前在这家客户没有做过此项目，但对此项目有成熟的经验。

这里依靠了一点点引申传递的信任（他们知道我们目前服务的现有买方也是汤森路透的，因而就会对我们产生信任），以及一点点的信誉（我们已经为其他客户成功地完成了这种业务）。只是，这里的信任和信誉都是比较脆弱的，远不能与为现有买方提供现有业务相比。

机会开发模型实务

增长。苏茜在基于客户内部已有的合作项目上增加了业务数量，提高了服务产出效益，提升了客户的业务规模，达成了合作双方的共赢。

扩张。苏茜向现有买方提供相关联的不同服务项目，合作从网络走向现场活动（这是已经成熟应用的项目）。

推广。苏茜将自己在客户内部实施的现有业务项目推广到另一业务部门，在客户的媒体和电信领域合作建立了一个新的共赢项目。

延伸。苏茜为汤森路透的研究项目部门提供了与50位全美律所100强企业人力资源主管沟通的项目，这是从未在汤森路透实施过的，但苏茜对此类型的服务项目有丰富的经验。

机会开发模型5：深化

客户发展的第5个机会是基于客户内部现有的买方，双方合作深度发掘的深化模式：为现有买方提供全新的业务项目——我们公司和客户公司都还没有开发过的业务项目。争取这种机会是一种新的挑战，而对于服务商而言，无论是在客户内部还是外部，都没有成功案例可供展示。尽管我们认为根据我们团队的能力完全可以成功地实现这项新业务，但毕竟这是之前从未做过的。在这种特殊情况下，我们更需要获得客户最大的信任、足够的信誉，让客户相信我们有能力完成这项工作，即使是在双方都从未涉及过的领域。

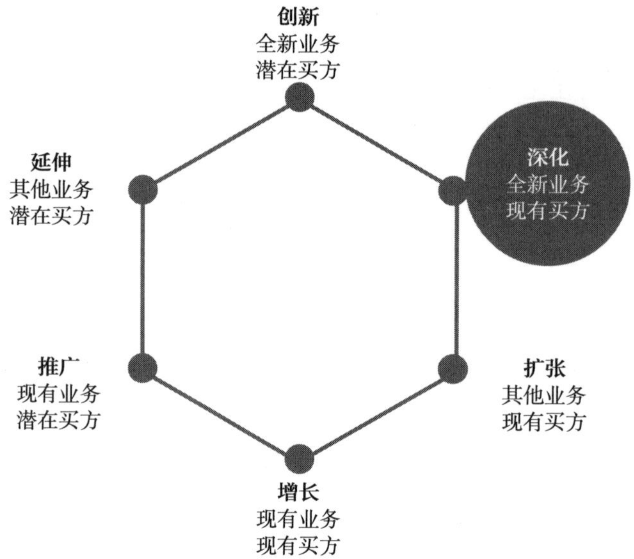

你该怎么做

例如，在过去的五年中，你一直与一家州立银行的营销总监合作，制作在当地播出的电视广告。现在她想将一些较长的视频集成到银行的网站中（比如对员工和客户的采访），想知道你是否愿意并能够完成这项业务项目。赶快把握你的机会吧！尽管你以前并没有开展过这种类型的项目，但你对所有业务技术与细节都了如指掌，你有信心能轻车熟路地完成这个项目。

又如，你为中西部的一个小公司做客户关系管理系统（Salesforce[①]）实施项目。你一直与这个企业的信息技术主管保持着密切合作，他不仅是你的客户，还是你的大学同学。你们相识已有几十年了，他信任你，也相信你的专业能力，所以他邀请你参加这个项目，并请你为公司内部多个团队进行全面的 Salesforce 培训。你对此并不感到惊讶。其实你以前也没有做过这个方面的

① Salesforce 是一款可将公司和客户联系在一起的客户关系管理解决方案。Salesforce 是一个集成 CRM 平台，可以为您的所有部门（包括营销、销售、商务和服务部门）提供所有客户的单一共享视图。——译者注

项目，在成功实施了这个专业培训课程项目之后，你就开始有信心了，觉得应该可以把这个项目提供给其他客户了。

苏茜是怎么做的

在与汤森路透的合作中，苏茜想出了一种创新的方式来深化她为现有买方所做的工作。比如，她的合作伙伴在聊天中提到，利用视频材料可以帮助他的团队更好地了解客户的首席信息官。苏茜便和他们一起进行头脑风暴，决定与汤森路透各个客户的首席信息官进行名为“走近你”系列视频采访，并在企业内部和客户群成员之间共享。苏茜和她的团队以前并未接触过这种特定类型的业务，但她在与客户高管沟通的过程中所表现出的高超技巧，以及她与客户之间建立的信任关系，使她有能力接下这项新的业务工作，为客户提供帮助，提升与客户的合作深度。

机会开发模型实务

增长。苏茜在基于客户内部已有的合作项目上增加了业务数量，提高了服务产出效益，提升了客户的业务规模，达成了合作双方的共赢。

扩张。苏茜向现有买方提供相关联的不同服务项目，合作从网络走向现场活动（这是已经成熟应用的项目）。

推广。苏茜将自己在客户内部实施的现有业务项目推广到另一业务部门，在客户的媒体和电信领域合作建立了一个新的共赢项目。

延伸。苏茜为汤森路透的研究项目部门提供了与50位全美律所100强企业人力资源主管沟通的项目，这是从未在汤森路透实施过的，但苏茜对此类型的服务项目有丰富的经验。

深化。苏茜和她的团队帮助汤森路透的现有买方开发客户首席信息官，进行名为“走近你”系列视频采访，这是沛思公司以前没有做过的项目。这需要很高的技能以建立客户对她及新业务的信誉，提升她与她的客户之间合作关系的深度。

机会开发模型 6：创新

客户发展的第 6 个增长机会是挖掘客户内部潜在买方并进行业务创新的创新模式：客户内部的潜在买方是尚未合作过的，创新业务项目也是从未做过的。这可算得上是滑雪场上的双黑钻级赛道——难度最高的地方，要在尚未合作过的潜在买方面前证明我们的能力，取得信任和信誉，门槛极高。有时候，机会产生于偶然的道听途说，一方面，我们为客户组织中的不同部门提供了不同的专业服务；另一方面，正在寻求自我改造的客户也可能特别关注这些类型的机会。

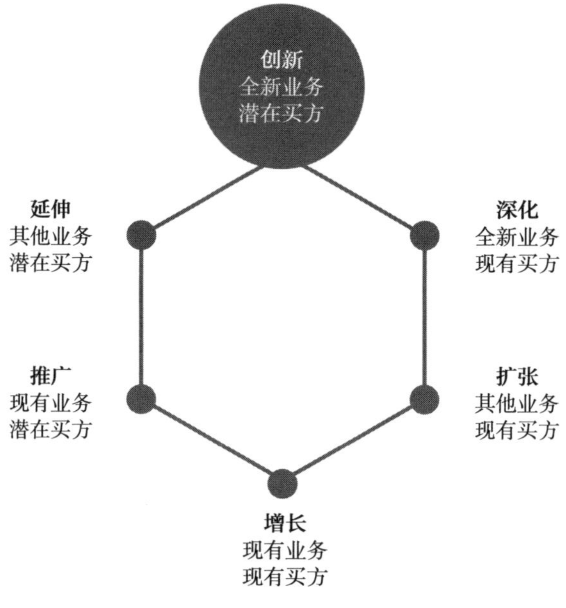

你该怎么做

例如，你们公司刚起步时，做了大量的《萨班斯法案》（The Sarbanes–Oxley Act）合规性服务项目。但这些项目做完后，你们就不得不转换方向，将自己重新设计为风险咨询公司，开发新的专业服务项目，将这些新项目引进到客户组织内部的其他潜在买方。

又如，你们公司的业务是帮助企业安装和集成思爱普（SAP）企业管理解决方案平台系统（SAP Hana），但是这个领域的空间越来越拥挤，利润正在减少。你考虑将专业服务项目的范围扩大，包括信息技术系统外包和托管服务，以提高公司的竞争力。问题是，你在客户内部的主要关系是信息技术主管，而托管服务项目的首席信息官位于更高的管理级别，并且他认为这不是公司的优先事项，所以你可能会被拒绝。因此你必须直接与客户的首席信息官接触，即使你不认识他们的首席信息官，也从未合作过项目。

苏茜是怎么做的

苏茜想到，可以建立一个客户高层全年都可参与的活动作为汤森路透年度会议的配套。特别凑巧的是，有与会者曾提到，《加利福尼亚州隐私法》（California Privacy Law）即将修改并生效，想开办一个月度播客活动，组织专家学者讨论最新的立法进展。这可能是个有用的点子，苏茜考虑到，这项播客活动需要几个服务结合起来，挑选参与专家、强有力配合的会议现场以及与会讨论的关键主题等。尽管苏茜和她的团队以前并没有直接为客户实施过这样的项目，但苏茜相信沛思公司所创造的一套有效参与过程能力的方法可以转移到这个项目上，这个方法足以支持这个活动项目。成功举办过各种圆桌会议的工作业绩让苏茜有信心与客户一起创新，为尚未合作过的潜在客户提供全新的专业服务。

又如，苏茜为汤森路透组织了一场纽约客户活动。在活动现场上，苏茜结识了汤森路透的一名主题专家，她精通《加利福尼亚州隐私法》。在活动结束后的招待会上，这位专家与苏茜谈及正在组织每周一次的播客活动，邀请汤森路透的专家以及一些客户参加，主题围绕《加利福尼亚州隐私法》修订的领域。这位专家觉得需要一个主持人，这对播客活动是有用的。而在这次同行交流的活动中，她注意到苏茜的组织能力，于是就询问苏茜是否有主持过播客的经验。尽管苏茜和她的团队以前并没有直接跟这些客户合作过，但她自信沛思公司的一套有效参与过程能力的方法可以支持这个活动项目。苏茜与这位主题专家的互动，为她赢得了一部分信任，而通过一些稍稍沾上边的专业知识，以及为汤森路透所做出的出色工作成果，获得了一部分信誉。正是依靠这些，苏茜获得了这项创新合作项目，为尚未合作过的潜在客户提供全新的业务服务。

机会开发模型实务

增长。苏茜在基于客户内部已有的合作项目上增加了业务数量，提高了服务产出效益，提升了客户的业务规模，达成了合作双方的共赢。

扩张。苏茜向现有买方提供相关联的不同服务项目，合作从网络走向现场活动（这是已经成熟应用的项目）。

推广。苏茜将自己在客户内部实施的现有业务项目推广到另一业务部门，在客户的媒体和电信领域合作建立了一个新的共赢项目。

延伸。苏茜为汤森路透的研究项目部门提供了与50位全美律所100强企业人力资源主管沟通的项目，这是从未在汤森路透实施过的，但苏茜对此类型的服务项目有丰富的经验。

深化。苏茜和她的团队帮助汤森路透现有买方开发客户首席信息官，进行名为“走近你”系列视频采访，这是沛思公司以前没有做过的项目。这需要很高的技能以建立客户对她及新业务的信誉，提升她与她客户之间合作关系的深度。

创新。苏茜与汤森路透创新合作，为汤森路透年度会议配套组织客户高层全年参与的活动，将沛思公司的专业技能应用到新的专业服务上（以前从未提供过的业务），帮助汤森路透组织内部的其他潜在买方解决问题。

以上针对机会开发模型的讨论，似乎让人有些眼花缭乱、应接不暇，但又令人感到兴奋。这可以让我们在客户开发计划的制订中更精准地提出问题：

“我们最重要的三项专业服务是什么？有哪些强有力的案例可以介绍给客户的现有买方（扩张）？”

“我们由注册会计师主导的会计服务项目，为客户的婴儿护理部门提供了很好的合作项目，但在客户内部的其他部门，该如何去争取类似的业务（推广）？”

“我们当前还没有提供能满足这种客户需求的服务项目，我们能找到合适的专家，开始立项一个新项目吗（创新）？”

以上精确描述还引出了一个问题：“我们应该如何对这些机会进行强制排序分析？”

要回答这个问题，首先我们需要弄明白，为什么汤森路透有更多的业务服务需求时并不是直接找苏茜？这里是否存在系统性障碍，使我们与当前客户不能获得更充分的互动？如果有，这些障碍是什么？

03
第三章

客户关系开发面临的挑战

第4节
不了解或误解导致的难题

安迪·鲍德温（Andi Baldwin）正乘坐达美航空的航班，从明尼阿波利斯飞往西雅图。她频繁的出差旅行所获得的唯一好处就是每年都可以获得航空公司的白金身份（当然，还没到钻石等级）。当飞机快到终点开始下降时，邻座俯身过来搭讪："你来西雅图干嘛？"

这是一种套路，不是吗？飞机即将着陆了才开始聊天！其实，如果从旅程起始就开始跟陌生人交谈的话，确实可能面临中途接不上话的尴尬。当飞机升到10 000英尺[①]处时，就会有铃声响起，每个人就都可以埋头到自己的笔记本电脑上去了。

"我去做咨询业务。"安迪边说边取下降噪耳机塞到袋子里。

在咨询服务业中有一个潜在认知：说自己是做咨询的，谈话就进行不下

① 1英尺=0.3048米。

去了，因为几乎没人能说明白咨询顾问是做什么的。安迪是沛思公司的合伙人，有时她也想知道自己最亲密的朋友是否了解她的工作。

但是现在这位邻座居然坚持要聊下去，两瓶杜瓦瓶冰啤酒下肚，正情绪高涨着呢。

“什么样的咨询业务呀？”

“我们公司帮助专业服务公司开发业务，主要是负责召开一些同行交流会议。”

“哦，是那种能在企业高层中长袖善舞、左右逢源，拉关系、搞推销的专家顾问，在生意场上打擦边球的，对吗？”

“正是。”安迪笑了，她以前听到过这个比喻。“那你呢？”她问，试图把话题从自己身上引开，“你是做什么的？”

“我是一名销售培训师。我在一个大型企业资源计划（ERP）软件公司工作。”

这下撩起了安迪的兴趣。她先是感觉可能时间不够，能问的问题不多，又忽然想起达美飞机在西雅图降落时要穿过停机坪到达下机口，这要花很长的时间。

“那我能问一个问题吗？你应该是这方面的专家。”

“请讲。”

“在专业服务中，我们总是把扩展当前客户关系放在重要位置，而不是寻找新客户。但是出于种种原因，培育当前客户关系似乎不那么容易了——你觉得这问题出在哪里？”

“问得好。一般认为，一些赢得新客户的方法可以在开拓当前客户业务中得到更好的应用，但事实并非如此。就像史蒂夫·马丁（Steve Martin）讲的笑话一样：‘法语太难理解了，它对所有事物都有不同的用法。’同样地，当你尝试为当前客户扩展更多的服务业务时，与推广新业务的销售语言是完全不同的。”

我们赞同这位邻座的话。实际上，存在两种不同的“语言”体系，或者说，至少有两种不同的方式可以衡量我们向不同购买者推销更多服务项目的能力——这就是本节要描述的第一个挑战。吸引新客户与扩展老客户关系之间是没有通用方法的。

在早期的那本《客户购买行为》中，我们讨论了成功吸引新客户采用专业服务的七要素。现在，我们来对照寻找，看看有哪些相同与相悖的要素，可以作为我们学习培育客户关系的一种新语言。

潜在客户的七要素

《客户购买行为》一书解析了一系列的前提条件，这是在潜在客户选择与专业服务商沟通之前，就必须满足的。

潜在客户必须满足以下七个要素：

1. **知道**我们的存在。

2. **了解**我们所做的工作及其独特之处。

3. 对我们的服务产品感**兴趣**。我们的服务必须与他们的目标相关。

4. 相信我们所具有的**信誉**。他们必须尊重我们的工作，相信我们具备完成承诺的能力。

5. **信任**我们会将他们的最大利益放在心上。

6. 具有与我们互动沟通的**能力**。这里的能力是指他们拥有足够的权限、经费预算和组织支持。

7. 做好准备，采取行动，**时机**必须恰当。有时候虽然满足了其他所有的条件，但却败在优先级上了。

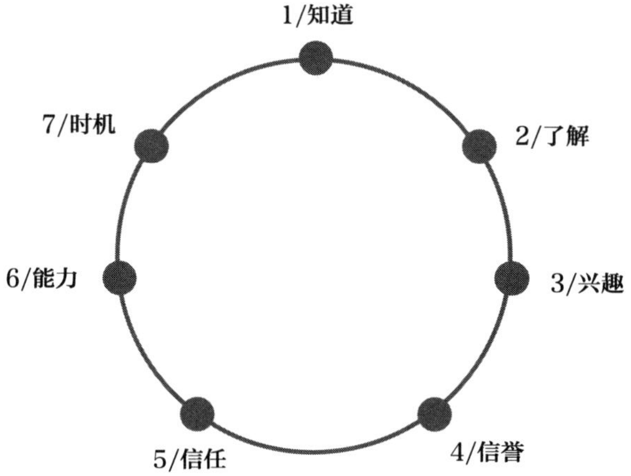

MECE 分析法

公元前 335 年，马其顿人征服了雅典。此时，亚里士多德也回到了雅典。他已年届 50，在海外居住多年。他在雅典城外创办了著名的莱森学园（Lyceum），这是古希腊科学和哲学思想发展的中心之一。亚里士多德讲课，特别重视他最爱的逻辑学。其最重要的学说就是亚里士多德三段论（categorical syllogism demonstrates），以下的经典示例展示了他的逻辑思维：

所有的人都是凡人。

苏格拉底是个人。

因此，苏格拉底是凡人。

亚里士多德特别关注他所谓的“范畴学”，因为他认为清楚思考要素之间的相互关系是演绎产生的基础。“人”是一个范畴，它具有一种被称为“凡人”的特征。苏格拉底属于“人”的范畴，因此，苏格拉底就绑定了“凡人”范畴的特征。亚里士多德在《工具论》（*Organon*）中写道，要使范畴有用，它们必须彼此独立且不同：“在没有任何组合的情况下，每种只表示物质或数量……”亚里士多德说，假设范畴之间没有重叠，则大多数范畴在本质上或数量上是相互关联的。

1963年，芭芭拉·明托（Barbara Minto）就职于麦肯锡公司，这是麦肯锡第一位具有工商管理硕士学位的女性专家，尽管她仅仅在麦肯锡工作了10年，但其影响力至今仍然存在。芭芭拉认为，基于亚里士多德的理论，在描述造成问题的原因或解决方法时，应该描述为“相互独立，完全穷尽”，并称之为MECE（mutually exclusive and collectively exhaustive）分析法。也就是说对于一个重大的议题，分类时要能够做到不重叠、不遗漏，借此有效地把握问题的核心，并成为有效解决问题的方法。通常，MECE的常规发音为mee-cee，但芭芭拉坚持将其发音为meece，就像Greece（希腊）的发音一样，她说：“是我发明了这个词，我有权决定它的发音。”

比如，如果我们要列出福特汽车公司的竞争对手，那就应该列出所有的汽车公司，如雪佛兰、菲亚特、保时捷等，不排除任何公司，在列表上“完全穷尽”。同时，竞争者名单上的每个公司都应完全不同，即“相互独立”。保时捷由大众汽车集团拥有，菲亚特则拥有克莱斯勒（Chrysler）、道奇（Dodge）和阿尔法·罗密欧（Alfa Romeo）。所以要做 MECE 分析表，就要先确定是按公司列表来分析还是按品牌列表来分析。芭芭拉说，在比较苹果时，需要确保不要添加任何橙子，否则将导致思维混乱。

芭芭拉 MECE 分析法成为我们解决以下问题的指导思想：客户如何购买专业服务？在七要素中，每个要素在逻辑上都是截然不同的，结合在一起就能展现出整体情景，非常精确。比如，潜在客户需要了解我们的工作，以便与我们建立相互关系。另外，客户需要能够从我们这里购买，否则他们所有的了解都不会导向我们公司范围内的项目，这样的例子不胜枚举。为了达成购买，所有七要素都需要被描述出来。

任何一步都是第一步

七要素模式不需要一步一步地按顺序完成，而是可以从环形上的任一地方切入。了解一个人具有什么样的能力，并不一定要早于潜在客户对这个人的完全信任。

比如，你在教会里认识了一位女士，你们相识 10 年了，你帮她投票，支持她进入教会领导委员会，她为你的儿子写过大学推荐书，你向她表示过感谢。作为个人，你是完全信任她的，只是你并不知道她还是一名专家，从事Salesforce会计软件独立插件的整合服务，你不了解她的业务专长，也没有在业务上有过合作。

反之亦然。你可能认识一个叫弗兰克的人很多年了，他在另一个镇上当特许经营律师，但你一直都不知道他的专业能力有多强。直到有一天，在拉斯维加斯举行的国际特许经营协会年度大会上（International Franchise Association Annual Convention），你与一位家庭清洁特许经营公司的首席执行官一起喝咖啡，他对弗兰克赞不绝口。对于这位首席执行官的看法，你是相信的，他描述了弗兰克为他们所做的出色工作，让你增强了对弗兰克的信任，认为他可以作为你自己业务的潜在专业服务提供商。其实十多年来，你可能清楚弗兰克的专业服务内容是什么，只是你一直缺乏对他的信任，不确定对你的企业来说他是不是合适的人选。

在与新的专业服务提供商合作之前，七要素是必须满足的前提条件。

如何应用七要素

在七要素的主导下，与当前客户进行更深入的互动交流似乎变得容易了。

客户已经**知道**了我们的公司。

客户**了解**我们公司的工作。

客户对我们感**兴趣**，因为我们已经为他们提供了服务。

客户尊重我们的工作，这意味着我们已经赢得了**信誉**，因为他们认定我们能够完成工作。

客户**信任**我们，因为无论大小，我们都证明了对他们的支持。

现在，你仅仅需要等待，直到：

客户有预算、有**能力**启动新项目了。

客户的组织支持已经到位，启动的**时机**到了。

令人悲伤的是，事情并非这么简单。你一旦赢得了这个业务，那就好比在撑竿跳高比赛中跃过了高竿。但是，你后面还要进行 1 000 米障碍赛跑。

知道

如果你为客户提供了专业服务，不言而喻，他们就知道你是谁了。比如，你为客户工作了 36 个月，你们并肩战斗，愉快合作，建立起了员工招聘、培训和留住的人事管理流程，满足了客户企业劳动力不断增长的需求。他们了解你，你们曾一起去露丝·克里斯高档牛排馆吃花式牛排。你也曾在客户的阶段审查之前加班加点地赶项目，只能在深夜里去吃蘑菇和香肠比萨。你去过他们的公司，他们也来拜访过你，你们交换了社交账号，大家彼此熟悉。

但是客户公司里的其他同事都知道你吗？答案可能是否定的。我们就遇到过类似情况，客户公司的其他同事可能听说过我们公司，但是即使是可能，也只是有一个大概的印象，客户公司其他方面的人只是单纯地做着自己的事。尽管我们努力让自己成为他们中的一员，但对于客户公司中的其他人来说，我们仍然可能是完全不被了解的“局外人”。

障碍 1：在客户中，除了参与合作、实施特定项目的一小群人之外，我们并不为其他人所知。在客户组织内部，我们还是缺乏广泛的知名度。

了解

我们跟客户合作做项目时，他们是了解我们的工作的。

比如，你们曾给客户提供专业服务，审核营销组合以及支出产生流量的效率。你们来到客户的办公室，他们知道你们是“营销分析团队”。在双方首次沟通交流之前，客户就已经向其他人打探过消息：“你觉得他们的营销分析工作质量怎么样？能支持我们全公司范围的审查吗？”其他人肯定是知道你们的工作和能力的。当他们处理业务问题时需要对在线网站或媒体流量的营销数据做分析，他们就会将数据交给你们，请你们做业务服务，因而你们认为他们是了解你们以及你们所做的工作的。

不过，他们多半会认为你们公司就是一家专注于市场营销分析的公司。他们怎么会知道你们公司的业务也包括媒体流量营销、图形设计以及商业文案呢？如果不知道，他们只能视你们为数据处理专家了。

障碍 2：我们当前给客户提供的专业服务，让他们形成了先入为主的概念，即使是那些跟我们已经很熟悉的客户，也不了解我们的全部能力。客户对我们同样有能力提供的所有专业服务，缺乏全面的了解。

兴趣

如果我们没有对客户的需求作出回应，客户就不会与我们合作。所有的商务目标都取决于客户对要解决问题的原因分析，以及他们表述问题的方式。比如，一位客户可能想增加销售收入，他们通过分析得出，因为公司的销售人员训练不足，所以销量不及同行业公司的基准。公司首席销售官要求培训负责人在专业渠道广撒网，找到优秀的销售培训师。一位客户对你非常满意，就把你推荐给了培训负责人，于是你拿到了这个项目。你数十年专注解决问题的经验让你很快就获得了专业服务的机会。

但是，如果你手头正在进行自己的工作，就不一定能保证你有机会去尝试另一个项目，尽管你是有资格、有能力解决这个问题的。比如你帮客户做了一些销售培训，效果很好。但很快你就发现，客户应该做更好的工作，招聘有经验的销售人员，重建销售人员的薪酬体系，期望达到更高的目标。但是，你在客户内部的项目负责人只是销售培训负责人，他只有一个任务，那就是加强销售培训，所以他对你的其他想法或服务项目不感兴趣。你也没有与首席销售官联系的渠道，因此你无法让首席销售官或销售培训主管（主管认定增加销售的秘诀就是开展更好的销售培训）对你的附加服务感兴趣。

障碍3：我们的客户要钉钉子，因此请我们来做锤子。有时我们看到了问题所在，知道用十字螺丝刀是更好的解决方案，但是与我们一起工作的客户却对此没有兴趣。

信誉

当客户了解并尊重我们的工作时，我们便赢得了信誉。客户可能会介绍说："我在美国电话电报公司（AT&T）时，乔就在我的团队里，现在他自己出来当老板，没人能比他更了解企业税务问题。"如果你是乔，这就是一种基于经验的推荐，可以为你带来新的业务工作。正如你所希望的，一旦我们与客户合作，我们的所作所为就会辐射出自己的光芒，照亮新的合作机会。在第一次向客户销售产品时，我们是处于劣势地位的，只好去多谈论我们的工作。然而，对于专业服务工作，证明比描述更有效。对于我们肩并肩工作过的同一战壕的战友，我们可能自然而然地相信他是斗志顽强、有见识、有能力的，并且具有良好的判断力的。客户和我们一起做项目，对我们的所作所为有了第一手的判断。因此，比起站在客户门外，身处客户公司内部会更有利于我们建立起信誉。

当然，对于客户内部不认识我们的其他买方单位，尝试向他们推广我们的服务项目也会比较困难。同样，尝试向当前的客户推荐扩展我们所能做的其他业务，亦是如此。

障碍 4：虽然当前客户知道我们的工作很有质量，但是很难让组织中的其他人都认识到这一点。或者说我们做得很好，也很愿意提供新的服务，可是客户却认为我们是单一业务领域的专家。一旦涉及跨服务领域和跨客户关系，信誉扩展就会受到阻碍。

信任

与客户合作给了我们争取信任的机会，即在客户遭遇麻烦（背叛、损害之类的）时，我们可以作出正确的选择，借此证明在保护客户的利益方面，我们是值得信任的。

有时我们面临两种选择：一是倾向于客户的角度，即优先考虑关系的透明度和关系的投资；二是倾向于我们自己的角度，优先考虑我们个人以及公司的利益。举例来说，假设你正在和客户方合作人员及他们的老板开会，向老板汇报了你们刚刚完成的项目。老板高度评价了你们公司所做的工作，你注意到，你的客户方合作伙伴表现出一丝沮丧，可能是觉得他没有获得老板的认可。虽然实际上 90% 的工作都是你做的，但你现在还是会有两种选择：**一种选择是完全接受客户老板的称赞，并以此为契机，向客户争取更多的专业服务项目。反过来，另一种选择则是可以借此时机，在客户老板面前称赞他手下的人，强调合作团队的努力以及对方合作人员的贡献，这就是建立信任的一种方式——即时采取行动，你要着眼于一段长期的关系投资。**

一旦与客户开始合作，我们就不再需要说："你可以信任我啦！"现在已经给了你机会向客户展示，我们会把他们的最大利益放在心中。

当然，跟信誉的建立一样，想要把信任从现有合作者转移到客户内部其他潜在买方，也不会那么容易。他们与我们现有买方的距离越远，对你辛辛苦苦积攒来的信任就越少。客户公司的组织机构可能很大，也许会有数百个潜在买方，这时，我们的现有买方与潜在买方之间的距离就可能很远，这样我们就需要做更多的努力来与其他人建立信任。此外，我们常常会陷入信任竞争圈中——现有关系可能会困住我们，让我们无法证明自己的品格和信誉。

罗伯·本森（Rob Benson）是科勒公司（Kohler Inc.）的首席销售官，他解释：

> 比如你在现有客户的项目做得非常好，而你想将公司能做的另一项服务也推荐给客户。如果客户那里已经有现成的专业服务商在做，他们也做得不错，那你就很难赢得那项业务，因为人家做得很好，客户没有必要做改变。如果你强行要求："哦，请试着给我们一个机会吧！"这将会让自己处于一个危险处境。这里的风险在于，这么做有可能会使客户考虑，对你现有的服务项目是否也可以做其他选择。因此，打破现有关系可能是很难的。

当你在客户公司中四处活动，想推广你的业务时，须记住：做好业务的信誉非常重要。证明信誉难，保住信誉更难。

障碍5：我们当前客户无疑是信任我们的，但不能期望值得信赖的声誉可以被快速或广泛地传播。仅仅是现有客户信任我们，并不意味着客户其他部门的同事也会自动地信任我们。可能还会出现信任竞争圈，在客户组织中的潜在买方面前，我们争取信任的能力可能会受到挑战。

能力以及时机

按一般的理解，如果我们与客户达成了协议，则客户一定是已经做好准备，能够来签订合同了。如果公司运营的形势很好，合同签下来就没有问题，特别是如果客户公司内部的项目负责人，不仅个人对这个新项目计划主动性强，而且还获得了老板的支持。

实际情况往往不一定如此顺利。在公司里，一个部门对项目启动的能力和准备工作都做好了，就以为其他相关部门也会步调一致，这个想法是有问题的。对与项目部门地位相等的其他部门的相关负责人，即使我们努力交往，可能也很难奏效。就算对我们项目中的某一项业务，客户做好了准备工作并且能够启动，也绝不能就此认定整个项目的其他服务业务，客户都做好了准备工作并且能够启动。

障碍 6：客户实施一个新项目，需要拥有足够的资源和横向支持。就算他们做好了准备工作并且能够开始启动一个项目，也并不意味着能够启动第二个项目或其他相关项目，以及在客户组织中其他部门的同事都已经准备好项目的启动。

小结：第一项困难

当前客户关系扩展的第一项困难源于潜在客户对我们的不了解，甚至是误解。为此要建立起一套七要素理论：知道、了解、兴趣、信誉、信任、能力以及时机，这套理论完整地描述了如何让客户认识我们，了解我们所做的事情，以至于最终使用我们的服务。作为专业人员，我们可能没有接受过业务开发方面的专业训练。但在销售学中，猎人和农夫都能带来新的业务收入，而两者之间存在更为深刻的方法论差异。获取新客户与扩展当前客户所需的技能几乎也没有相似之处。因此，在专业服务领域，更需要的是农夫式的精耕细作。

第 5 节
内部组织复杂导致的难题

我们自己公司内部的壁垒，包括组织壁垒和个人壁垒，是造成培育当前客户的障碍之一。在一个组织内部，个人、技术、关系、网络，盘根错节，限制了我们把握增长机会以及采取行动的能力，成为组织发展的绊脚石。本节将深入探讨我们自己公司的内部障碍。因为可能还没有走出公司大门，我们就可能因为内部障碍丧失了在客户方面的扩展机会。

我们这样做

在大型的复杂组织中，项目主管可能彼此不了解或相互不熟悉。今天，企业架构都已经上网，这种状况似乎很难想象。敲击几下电脑键盘，就应该可以精准地找到公司中合适的专家，帮助客户解决所遇到的问题。然而，随着今天组织内部的快速变化，出现了新的问题。企业并购打破了现有的组织结构，人员经常地变换岗位、部门甚至公司，要满足公司所有业务对专业人员的需求，看起来很难做到。

克里斯·米罗（Chris Mirro）是美国马克西姆斯（MAXIMUS）公司的高级副总裁，负责健康与公共服务项目的销售和业务开发，他就亲眼看见了这一挑战："在我看来，交叉销售的最大挑战通常是组织内部的人员都是各自领域的专家，而不一定对公司整个业务范围都很专业。如何让公司的专家具有更广泛业务领域的专业能力，以便在第一次客户交流中就都能讲得明白，这成为当前公司业务发展的最大限制因素之一。"

即使你了解了可以调用合适的专家到这个客户项目，也可能不确定给客户又引进一个新专家是否合适。肯尼思·根西（Kenneth Guernsey）经营科律（Cooley）律师事务所多年，他说："我足够了解公司同事们的专业能力，但如何把他们的专业能力推销给客户，做一名有效的交叉销售商，这对我来说是个挑战。我觉得我能做到并且我做到了，但是要做得好，把同事们的专业能力尽可能地推广出去，获取开发客户的机会，这始终是一个挑战。"

谁排在第一

大型专业服务公司都有一种衡量业务项目的三角矩阵指标：地理位置、所处行业和职业能力。按这个模型，当遇到客户开发机会时，项目主管可能会有些晕头转向。比如，在一家技术咨询公司里，福特汽车客户的属性可以简单地被划分为：汽车行业、供应链项目、底特律办事处。用这种矩阵模型来处理客户服务就可能会产生将谁排在第一的问题。

较大的专业服务公司多采用合伙人制度，这是顺应企业三角矩阵结构的结果。合伙人"维系"各自的客户关系，所有公司与客户的联系都由此通道来实现，他们有各种称谓，如"首席客户代表""首席合伙人""关键客户经理”及“关键关系合伙人”等。无论头衔如何，这些客户管理经理人在发展客户关系方面都产生了超出预期的效果。正是这种制度，有效地避免了公司内部的混乱与纷争——对客户的打扰。客户说：“这是你们公司来的第三个人了，都是向我推销你们的网络安全服务项目。”在企业努力扩展客户业务工作的背景下，首席客户代表就成了看门人，设置了一个额外的门槛，没有事先经过首席客户代表的同意，公司中其他人是不能与客户接触并推广新业务项目的。这些客户关系控制人铺平了进入客户的道路，帮助公司发展在客户方面的业务。但这也会有潜在的风险，他们可能为了确保自己能独赢而全力阻止其他人的进入，让公司系统、配套业务项目的扩展难度急剧上升。

专家的故事

专家说起话来往往是自以为是、自说自话、笨拙莽撞，容易搬起石头砸自己的脚，这对现有客户的业务增长是有害的。常常听到专家们说他们讨厌销售，这不是他们干的“事”。另外，也有些专家们安于现状，只是一味扩大当前客户的项目工作规模——这是机会开发模型中最简单的模式，但这可能招致客户对已有工作成果的质疑。还有，许多专家根本不喜欢向客户提出“请求”。专家往往是乐于助人的，而要他去向别人提出请求，则像是把他的形象搞颠倒了。

通过改善专家行为可以很大程度地解决这些问题。比如，我们可以提出建议，为客户再多做一些工作，因为我们相信我们的工作能为客户增值，进一步的合作符合客户的最大利益。如果在这样做的过程中客户给我们提出了反馈让我们可以更好地满足他们的意愿，这就成了一个额外的收获——我们与客户有了良好的沟通。就算你实在不喜欢客户提出的请求，也请调整一下你的语言，**不要表现得像在求他们给我们更多的工作，而要表现得像是在询问“我如何做才能对你们更有帮助？”**

随性地工作

在学校，会计师学习会计课程，律师学习法律课程，而战略顾问则学习商业模式、竞争优势以及市场特征等课程，只是，在学校中学不到业务开发技能。工商管理硕士课程是与销售相关的，自然而然地侧重于产品销售，而关于我们专业服务领域中的发现新客户与培育老客户的技能，是没有涉及的。我们的项目主管都受过客户管理方面的培训，他们被训练成优秀的律师、会计师或战略家，只是未接受过如何发展客户方面的培训。

在贡萨加大学商学院，克里斯托弗·史蒂文斯教授说：“我们商学院在‘商务发展’课程方面投入的时间不足，我们需要时间来使这个学位涵盖所有需要的技术方面，但我认为，**倾听能使你真正了解别人在做什么，这是商务发展中最重要的一项技能。”**

缺乏正规训练的后果是，太多的专业服务提供商只能随性地工作——向未知场景的客户发送案例报告，在会议上参与小组讨论，跟进市场部门给的几个线索，带一群客户去吃饭。他们并不能确定做什么工作、怎样工作才是有效的。

混乱的激励

通常，专业服务公司以激励因素作为员工行为的驱动力，精心策划以所完成的业务成果为指标的精细核算模型，各项指标都可获得奖励分数，包括团队参与、前期联系、介绍推荐以及现场演示等。基于这些分数，再结合其他企业建设活动指标如领导力、培训、招聘、产品开发等所获得的分数，到年底就可转化成现金兑现出来。如果都从心怀美好愿望出发，这套复杂的算法往往会失去激励作用。在这些咨询公司的大厅里，你总会听到："激励机制就是一个黑匣子，我不知道它是怎么起作用的。"

传统的激励机制无法推动实际工作，导致工作相互参照，产生博弈。一些高级顾问告诉我们，他们花费了大量的时间，试图量化员工们"接触"到潜在客户的程度，将其对应成可获得的奖金。不管你个人如何努力加深同客户公司中的当前买方以及其他高管的关系，似乎你公司中的其他人只要都参与了这个"接触"，都可以认为自己是公司与客户关系中的一部分。我们认识一位在纽约第五大道投资银行公司工作的朋友，他说："每当一项业务获得成功时，就像塞伦盖蒂草原上倒下了一只羚羊，鬣狗、秃鹰等各种掠食动物从各处涌来加入盛宴，大家都涌到我的办公室来报账。"专家顾问们冲着办公室叫道"上个月我带她去吃了午饭！""是我在会议上向你介绍他的！""我们是一起参加预科学校的校友，我一直与她保持联系！"他们都试图从中获得一部分奖金，并报销他们的费用。

风险自担

作为专业服务公司的专家，她可能会负责一个耗资数亿美元的大项目。她是否有能力支付孩子们上大学的费用，就取决于这个项目能否成功，她的自身既得利益依赖在这段客户关系上。尽管专家们知道自己是代表公司进入这个市场的，但事实上客户关系是她自己的，客户工作状况由她自己密切掌握着，客户是她的摇钱树，她绝不能损害客户的利益。

沃尔特·希尔是工程和安全公司的环境资源管理业务的客户服务主管，他说：

> 人们不会与公司内部其他部门的人建立关系，因为大多数企业的组织结构都是按专业或服务来划分的。因此，从理论上讲，企业里不同领域的人不会相互认识，不会把别人引进到自己的客户面前，因为他不信任别人。如果你出于帮助客户的想法，介绍了一个你不认识的人来开展一项新业务，那么这很可能会损害你自己的客户。因此，这样做是存在风险的。

如果一个业务主管在公司内部推荐了一个大客户，若该业务没有做好，没有获得大客户的满意，则可能影响该业务主管的自身利益。希尔说："我们的良好声誉来源于企业，而工作质量则取决于合作伙伴。因此，我在引进项目之前，会向合作伙伴做一些提问考察。有些过两年就要退休的人，我不会尝试用他们，他们所关注的只有眼前两三个最大的客户。"

还有一个问题，就是失去对客户控制的问题。埃森哲的终身首席执行官比尔·格林（Bill Green）说："你是一个客户经理，拥有自己最好的客户。假如你将一位相邻专业领域的专家同事引进给该客户，这是不正常的举动，呵呵，没准客户会更喜欢他并让他顶替了你。”

小结：第二项困难

专业服务提供商的内部组织复杂性，对于充分利用公司资源为客户服务而言，本身就存在着系统性障碍，因而这成为当前客户关系扩展的第二项困难。可能有人会认为，企业行为准则应该是坚定地以维护企业利益为方向，所宣传和贯彻的正能量都是企业利益，即我们大家的利益。但是必须认识到，人们行为方式的差异，会导致企业中的个体行为无法与公司成功地保持广泛的一致。因此，需要有一套系统的解决方案，解决谁排在第一位的问题、专家的使用问题、工作程序问题、激励清晰问题以及风险自担问题等。

第6节
两个网络对接导致的难题

在沛思公司的园区里，汤姆坐在一张室外餐桌旁，正在享受着沙拉午餐。他注意到一名大学实习生正在专心致志地埋头看手机上的信息。

汤姆来了兴趣："什么好东西，让你钻到手机里去了？"

这位实习生非常坦然地翻过手机给汤姆看，屏幕上是一个年轻成年女性的光鲜轮廓，显示着她的爱好信息——如激流皮划艇、高山滑雪和背包旅行等，汤姆知道这些正是这个实习生的爱好。

汤姆大感好奇，问："这个应用程序（APP）是怎样做到如此精准地给你投放这些信息的？"

实习生深入地解释："这款辛格（Hinge）应用程序是一款交友软件，使用了获诺贝尔奖的算法，来帮助需要交友的人找到适合的人选。使用这款应用程序后找到真正喜欢的人约会的可能性提高了8倍。这个算法研究了你的兴趣。"

汤姆想要探究下去，凭借如此强大的算法，这么聪明、有趣的实习生，为什么仍然单身？

他口头上缓和了一下说法："很有意思，只是这个算法对你有效吗？"

实习生笑了。他跟汤姆很熟，可以读懂他的弦外之音，回答："嗯，这个应用程序对我还算有效，虽然我还没有找到完美的女孩。它是基于彼此共同的爱好兴趣将双方联系在一起的，但实际上也就到此为止了。我在旧金山的朋友开始使用另一个应用程序了——联盟（The League），它不仅可以基于彼此的资料进行匹配，还可以基于人际网络是否归属于相同的网络或相重叠的网络进行匹配。"

汤姆回想起大约30年前他是如何认识玛丽的。那是通过一位朋友的母亲介绍的，她是他们双方都认识且信任的。现在已经可以使用应用程序来找朋友了，整个想法似乎太疯狂了。他说："我不知道怎么用。"

实习生在手机上点开了网站，向汤姆展示道："你看，你必须要申请成为约会程序的会员，然后基于你登记过的一些社交群来做审查。看这里，输入你的领英地址，由此基于你的教育网络进行审查。再看这里，输入你的社交媒体信息，这样你在社交圈中的重叠关系就可以连接起来了。"

看着汤姆脸上怀疑的表情，实习生笑了笑。

他们站起身来，往回走向公司大楼，实习生说："我的意思是，在蒙大拿州的约会圈子很小，对像辛格这样的应用程序，需求并没有那么多，只是我在这座城市所有的朋友都很认真地在使用它。你能想象在波士顿或纽约的人海中，找到跟你完美匹配的人吗？不可能的！"

实习生进入办公室，留下汤姆还在继续他的思索。

在公园遛狗而碰巧遇见你的一生所爱，这种日子已经一去不复返了。在新的约会时代，没人可以在没有技术的帮助下与某人相遇于复杂的生态系统中。我们需要建立社会科学家称之为受信任的网络，这是大海捞针的古代艺术在21世纪的迭代翻版。应用程序里的每个参与人员都是一个节点，组成的社交和专业网络、朋友和校友的关系显示为强连接，随着分离程度的扩大，更广泛的节点集之间呈现弱连接。

由这个案例可以看到，从约会中介应用程序中我们能学习到很多东西，如专业服务公司的专家们怎样才能与客户内部的其他人联结起来，以扩展在客户组织内部和整个组织的业务开发工作。

网络接吻时

前述实习生所面临的约会挑战，可以类比于在专业服务行业中我们与客户建立联系时面临的挑战。更确切地说，约会应用程序面临的问题跟专业服务行业面临的问题是一样的。约会应用程序将位于无线网络两端的人联系在一起，我们的专家不是也像约会应用程序一样吗？

当一个网络与另一个网络连接时，网络节点之间的潜在连接数量就会爆炸性地增长。接吻，不只是单纯的唇与唇之间的触碰，更表示唇、舌、牙、面、肢体、身心等全方位的、深层次的触碰。

比如，美国宪法起草团队的 55 个人，每个人都是一个独立的网络节点，他们有不同的年龄，来自不同的地方，有着不同的经历，拥有自己的朋友圈，以及有着决策和自控等较高层次思考的大脑。在《宪法公约》（*Constitutional Convention*）制定的大框架中，他们就是 55 个网络节点、55 个子集，这就意味着这些节点或子集会有 1 485 个独特组合，在经过一整天的辩论后，他们可能会一致地相约出去，享受白兰地。

在此就会看到我们要引申的是什么。比如，东非蝴蝶医生与西亚昆虫专家实时联手拯救帝王蝴蝶，这种合作机会，随着受过教育的、知识渊博的、经验丰富的专家数量的激增，可能性将越来越小了。这似乎已成为我们这个时代的关键问题之一：如何将两个人——一个人有问题需求，而另一个人则正好有非常合适的经验和资源——有效地联系起来？

如果规模很小，你所面临的问题是如何更深入地与客户合作沟通。比如，你与卢森堡公司的首席人力资源官曾在旧金山共事，利用这个关系，你们的上海办事处就可以请他们来负责亚太地区的人力资源事务。随着可能的联结数量大规模地增加，发生联结的可能性就会下降。

两个网络领域

“联盟”应用程序里存在两个网络，我们专业服务里也存在两个网络。第一个网络是指专业服务公司中所有的人员都可以为客户提供帮助，可以称之为我们的能力网络，这就产生了上一章中描述的那种复杂组织的挑战。而第二个网络是指客户公司中所有你可能接触到的买方，即机会网络。在这两个网络的连接点上，我们公司的十多个人，与客户公司的十多个人，正在努力建立联系。

戴安娜·巴克斯顿（Diana Buxton）是高知特公司（Cognizant）的银行、金融服务和保险业务部门的首席营销官。她是数字市场创新规则的参与者，负责与客户和潜在客户建立新的业务关系，将传统的沟通对话转换成数字连接，并与高知特的新用户建立更深层次的联系以扩展银行收入。她向高知特的全球执行副总裁兼营销总监高拉夫·昌德（Gaurav Chand）汇报工作，后者管理着四个业务部门的市场营销工作。

戴安娜要与大量的项目经理团队主管打交道，包括自己公司内部的、所服务客户职能部门的，以及其他后台支持部门的，比如为公司租用办公场地的人，以及提供解决预算和采购问题的服务团队。

戴安娜的高知特接触网络领域的特征是拥有无数节点，与其他成员的关系有强有弱。沛思公司作为向戴安娜提供专业服务的公司，深感困扰的问题是，如何利用我们与戴安娜的关系扩展到与高知特内部的其他潜在买方建立联系？如同戴安娜所说，她的高知特公司网络就是她的净资产。

表1 机会网络

沛思公司提供的服务	戴安娜的网络
业务开发服务	戴安娜·巴克斯顿，银行类市场营销总监，金融服务与保险
	安娜·沃尔什（Anna Walsh），零售类市场营销总监，消费类产品、接待和旅行
	安东内拉·博纳尼（Antonella Bonanni），市场营销总监，医疗保健与生命科学
	托尼·维奥拉（Tony Viola），市场营销总监，制造、物流、能源
	科里·奥弗特，通信、媒体与技术；菲尔·沃尔仕，全球营销副总裁

在制订客户开发计划时，我们把重点放在如何插入到戴安娜的高知特公司网络中。必须明白，我们为她所做的工作，将对其他所有人起着示范作用。

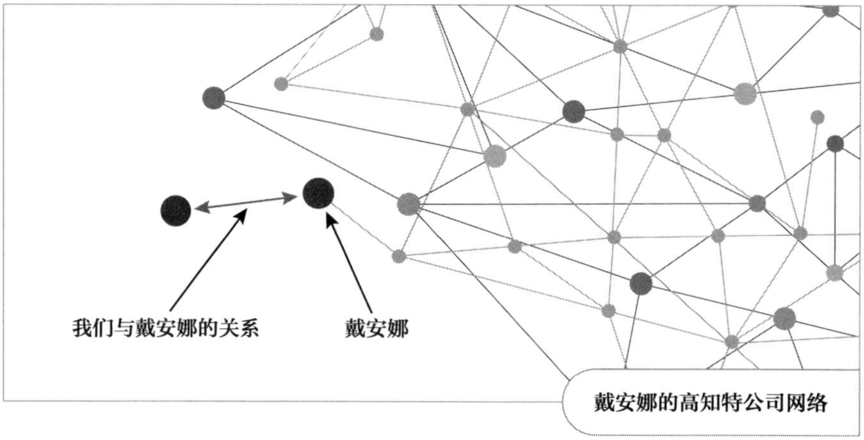

从这个约会应用程序中，我们知道这还不是全部。尽管上面这张网络图描述的许多节点，都是以我们的专业服务能力可以获得的与高知特内部合作的领域。然而还存在着一张我们公司所有同事的关系网络图，他们都是可以凭自己的专业能力为戴安娜关系网络提供帮助服务。

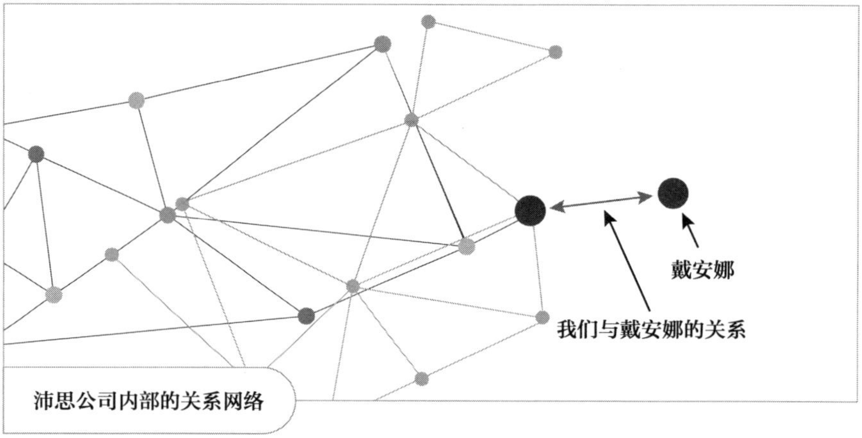

沛思公司有为戴安娜提供业务开发服务的能力，我们知道沛思公司为其他客户提供的专业服务也是可以提供给戴安娜做其他业务服务的，我们称之为能力网络。

表2　能力网络

沛思公司能够提供的服务	戴安娜的网络
业务开发服务	戴安娜·巴克斯顿，银行业市场营销总监，金融服务与保险
撰写专业白皮书服务	
专业人才招聘服务	
销售支持服务	
活动管理服务	

现在两个网络对接，节点数量一下子增长起来了。

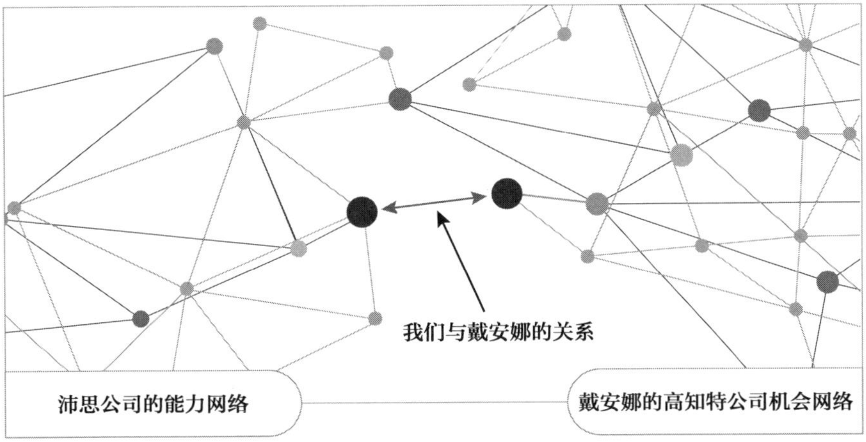

要是我们专业服务领域也有这样的约会应用程序，那就好了！

神奇的推荐

我们做个假设，虽然概率可能不大，但总会在你的公司里找到一个人，他可以为客户公司中的某人提供帮助，而你的现有买方认识这个人。那么，你需要做的就是居中安排，撮合他们。

这好像是一个坏消息，因为买方很少会在他们自己公司的范围内推荐你或你的同事。以下就是原因。

秘诀

如果我们作为专家取得了成功，为客户增加了价值，那么就会给提出引进我们服务的人带来声誉上的好处。永远不要低估人们拥有自己成功秘诀的愿望！

现有买方向公司内部做推介，总是会表述为“我发现了他们”，而不会说“他们向我推荐了这个服务项目”。然而，如果在客户公司中任何其他项目经理都能简单地与我们合作并获取巨大的成功，这是否会削弱现有项目经理的地位？现有项目经理因其出色的工作表现获得了客户部门上下的称赞，老板给了他们奖励。但是如果项目赢得的荣誉属于零和博弈的话，那怎么办？即项目越成功，现有项目经理获得的荣誉反而越少？这肯定是有问题的。因此，为什么有些项目经理并不那么热衷于宣扬自己的项目，就需要更深入的研究了。

感知风险

人们是会平衡风险与回报的。的确，如果公司有一个收益极好的项目，那大家都会希望能加入这个项目团队。比如，公司发布了一个征求新人才的公告，要求所有员工都在他们的社交账户领英、脸书上转发，可能就会有人犹豫是否将机会推给自己那些游手好闲、无所事事的亲戚们。万一他们被公司录用了，会不会在背后损害自己的利益？事后我们可能听到这样的抱怨："为什么你当时不告诉我。"我们不确定是否要推送公司的职位空缺，尽管这样做还是有收获的——这是老板的要求，如果我们做了，会获得公司的认可，但同时风险也是存在的。

客户的思维也与之相似。把我们的名字推荐给他公司内部组织的其他人，会给他带来一些回报。如果我们的工作表现良好，他们可能会获得饭厅里的点头谢意或称赞："雪莉，谢谢你介绍了那个供应商给我，他很棒！"甚至还有可能获得他们老板的赞许："谢谢你帮我在整个部门推广了这个最佳项目，这是真正的主人翁精神。"更有可能在公司上下都获得声誉，"雪莉为公司节省了四百万美元的开支呀"登上了公司内刊的新闻头条。

但是，风险也是会有的。由于专业能力的不同，项目的执行可能没有达到期望值。或许有一天，雪莉突然躲着不去饭厅了，怕会碰到某位同事说："多谢你呀！雪莉，用了你推荐的供应商，我下周一可能就会丢了饭碗，到时记得提醒我还你这个人情哟！"雪莉的老板也会不高兴："将来有一天，或许我会很感激你出的这个馊主意，你动动嘴，我就得来收拾跟其他部门造成的乱摊子。"最后，整个公司都传遍了："雪莉的推荐一下子让 5 000 人丢了工作。"

州立农业保险公司，在新员工的第一天保险销售培训中，销售培训老师说："没有给客户做到两次推荐，就不要离开对话现场。"这句话可能适合于那些相对无关紧要的决策场合，比如选择购买哪一种得到高度评价的人寿保险，这种选择几乎没有风险，因为实际上所有的选择都不会有错。但是在关乎职业生涯存亡的重要决策中，比如选择谁作为你公司的财务顾问、选择谁来帮你公司定制新采购的 SAP 系统，这恐怕就不合适了。这种风险虽然不是无法克服的，但却是不利的。

垂直隔阂

菲尔·恩索尔（Phil Ensor）在固特异轮胎和橡胶公司（Goodyear Tire and Rubber）工作了 33 年，他是第一个使用“隔阂”一词来描述大型组织内部各个职能部门是如何相互隔离的人。作为组织发展和员工关系的专家，他为卓越制造协会的《目标》（*Target*）杂志撰写了一篇论文，名为《功能隔阂综合病征》（*The Functional Silo Syndrome*），该文章表述了如何考虑复杂组织的结构。论文写道：“整个组织的人们是没有共同目标的，每个人的目标主要是基于功能性的。沟通主要都是自上而下的，即在垂直轴上，而水平轴上几乎没有共享，因而形成垂直隔阂。”

这里要注意到，恩索尔研究的重点在于沟通。企业内的财务部门与研发部门就很难沟通，因为它们的目标不相同。前者的目标由准确性和合规性来衡量，后者则侧重于新产品的成功率。如果一家公司的职能部门彼此隔绝，它们就可能会感到彼此之间缺乏理解，难以自信地做互相推荐。这正是专家所关注的地方，在本书的第二部分中，我们将对此做更深入的探讨。

其他问题

在每个公司里，除了人际关系的相互作用外，还总会有其他无法控制的组织问题。我们最好是承认这些问题的存在，并保持对它们的即时了解。

预算

客户的预算，总是几乎完美地表达了其战略和优先项目。面对市场状态和竞争格局的不断变化，公司领导者有权改变方向，这是他们的职责。沛思公司有一个非常大的客户（实际上是我们当时最大的客户），这个客户在几年前决定将重点转向客户的数字化改造。这项战略决策非常成功，这意味着在短期内我们提供的专业服务项目的预算都被抽走了，拿去资助这个新的项目计划。是因为我们的工作质量不行，导致我们的项目份额急剧下滑吗？不是，这是客户对市场变化的理所当然的反应。

公司内部的政治

想要加大现有项目的规模，对客户方的购买者来说并非易事，这需要经过公司内部大量的工作。公司充满着社交焦虑，包括相互竞争的个性、忠诚度以及不同的见解。你的工作做得很好，客户的现有买方可能非常想与你签订双倍的合同，但这并不意味着客户企业内部的政治势力能让他实现这个目标。

买方的能力

与政治影响力问题密切相关的，是买方在内部为客户扩展业务范围的能力。在这个资源分配的竞技场上，全力以赴争取立项就是一切，但并不是每个人都有同样的能力可以做到。从理论上来说，你作为专家，应该比购买者更有能力为你的项目辩护。就像在大海中，船舱里涌入海水，会有人立刻向决策者或最高权威者推荐你，因为你对船体堵漏及阻止海水灌入非常有经验。

集中的风险

与我们沛思公司合作过的许多客户都认为将自己全部工作交给一家公司是存在风险的。他们内心的想法是，一个项目引入多个专业服务提供商，从而创造一种竞争意识，就可以压低价格并防止出现“供应渠道集中”的风险。

小结：第三项困难

专业服务提供商的能力网络与客户方的机会网络的对接存在着固有的复杂性，这构成了当前客户关系扩展的第三项困难。就像年轻人利用约会软件一样，可能性实在太多了。在专业服务领域，两个网络连接时的连接数量、技术要求、环境因素等可能都会非常之大，连接成功的可能性不会很高。而如果当前买方感觉到了这一点，可能会变得沮丧，不愿意在其机会网络中推荐我们，这会成为一种本能。因此我们需要更多、更专业地认识、梳理以及规划两个网络之间的复杂问题，以建立起成功的网络对接。

第 7 节
引荐同事给客户导致的难题

蒂埃里·查桑（Thierry Chassaing）自小在巴黎长大，他热爱三件事：合唱、足球和数学。

> 我就读的圣克罗伊－德诺伊利（Sainte-Croix de Neuilly）学校是一所小型教区学校，就在凯旋门以西的地方。我父亲是一家广告公司的业务主管，学校就在我们家附近。

学校是一栋美丽的建于 19 世纪的四层建筑，带有美丽的山墙和蓝色的百叶窗，坐落在一条小路旁。蒂埃里已经在这条路上走了 50 多年。他告诉我们：

> 足球是我一生的激情所在。我是狂热的巴黎圣日耳曼足球队球迷，身心流淌着蓝红色的血。我仍然喜欢合唱，尤其是巴赫的作品。数学成了我的学术重点。我喜欢在复杂中找到和谐与秩序，巴赫和数学给了我充足的灵感。

现在蒂埃里是波士顿咨询集团（Boston Consulting Group，BCG）的总经理兼高级合伙人，在位于华盛顿特区的总部负责管理全球的市场营销。

> 法国人喜欢华盛顿特区。当年美国总统乔治·华盛顿（George Washington）委托来自法国的建筑师皮埃尔·查尔斯·朗芬（Pierre Charles L'Enfant）规划设计了美国首都新城市。这座法国人设计的城市，给人一种宾至如归的感觉。

与蒂埃里一起坐下来，他指出在你个人的客户关系中利用公司同事的作用很重要。他说：

> 你会听到我们公司的新员工在谈论如何帮助客户在他们内部寻找新机会，这是个很重要的问题。同样重要的是，有必要将客户介绍给我们波士顿咨询公司的其他专家。你以为自己能看到，甚至发掘出所有为客户带来价值的机会，这是错误的。你公司中的其他同事能带来对客户的新观点，发展新的思路，这将会带动客户收益呈指数性的增长。

引入其他专家

在考虑如何扩展公司在客户内部的业务领域时，很容易就会将重点放在各种增长机会上——如何扩大现有买方所进行的现有项目的规模、如何在客户内部全面合作创新业务项目，或者如何基于现有买方深化开发新业务等。

但还有另外一种很重要的机会很容易被忽略，甚至被有意避免，这就是要及早在自己公司邀请其他专业人员参与开发客户的新项目。

蒂埃里说："我曾邀请其他专家参加过5～10次我的项目，对于我们将要做的项目与以前日常做的项目，他们带来了新的理解。这对引进其他合作伙伴是非常有帮助的。"

在客户内部扩展项目，光靠当前项目的专家通常是不够的，还需要其他专家参与接力。正如蒂埃里所指出的那样，传递接力棒是有益的，引进更多的专家可以带来更多的知识。当然，现有的信任和信誉是原项目专家和原客户买方之间经过多年项目合作才建立起来的，接力棒的传递可能会造成一些损失。专业服务行业常说"我们就是产品"，我们的产品就是我们独特的经验、专业知识和洞察力，而这种独特的产品并不容易复制或扩展到其他人，客户也知道这一点。

一种情景是，买方邀请他信赖的专家卡罗尔参加自己公司的鸡尾酒会，并把她介绍给自己不同部门的同事，他说："我介绍你们俩认识一下，卡罗尔为我们做了很好的工作。"这种介绍传递了他的信任（或者更准确地说，是帮助消除了两位新结识朋友之间的不信任），从而帮卡罗尔打开了客户公司的一扇门，让她能在整个客户组织内部寻找到新买方。

与上述情景不同，如果卡罗尔将自己公司的其他同事介绍给客户公司中的其他新买方，其信任度的传递就会降低。卡罗尔向潜在新买方介绍："我的同事亨里克跟我做一样的业务，正好在你的地区。"业务可能确实是相同的，但是现在买方和卖方（或专家）却是不同的了。介绍人之间的远近疏离程度越大，信任传递的效果就越弱。

另一种情景是，买方邀请他信任的专家来做不同的工作，即扩张模式。但是买方将自己信任的专家介绍给其他部门的同事，做不同的业务工作，这种已有信任和信誉的传递就会减弱。这就是延伸模式，业务不同，买方也不同，但是除此之外，专家是相同的。在以上两种情况下都可以看到，引入新专家到机会开发模型的任何工作模式中，都将可能削弱原有专家建立的信任和信誉。

沃尔特·希尔主持工程和安全环境资源管理业务时，考虑开发客户更多的业务，但对引入其他合作伙伴持谨慎态度，他说：

毫无疑问，在客户内部寻找扩张是有着巨大的机会的，我认为许多专业服务公司并没有充分地利用这一点。但是我也知道，这是必须非常小心的，在我的职业生涯中，有好几次客户找我说："我们的项目能叫停吗？"甚至有更极端的："我们不希望这个人回到我们公司来。"记得有一位客户是这样比喻的：你邀请一些客人到家里来享用晚餐，后来他们说去洗手间，却被你发现他们去了你卧室的厕所，这让你感觉受到了冒犯。所以客户内部确实是有开发机会的，但也必须谨慎、周到和尊重地去做。

可以说，专业服务项目是一项团队运动，对随意向客户项目团队添加其他同事的做法，会产生挑战团队结构性的问题。现在我们来更仔细地讨论其中三个问题。

客户不了解新人的底细

你想扩展自己公司在客户心目中的有能力的形象并决定从公司增派专家，但这位新来的专家有可能成了绊脚石，客户将犹豫是否接受他。

威尔逊·艾伦（Wilson Allen）公司的布鲁斯·威尔逊（Bruce Wilson）谈到了这个问题：

那还是我刚开始做业务的时候，随着某个项目的工作量逐渐增大，我引进了公司的其他专家。后来我转去开发另外的业务项目了，其他同事接手了这个项目。大约10年过去了，我们想为这个客户再做一些跟汤森路透合作的项目，这时我得到的回应是："他们不想与你们合作了。"我想："我们合作了这么多年，他们为什么不想再与我们合作了呢？"然后我做了调查，发现他们那里有一个人把我们视为推行"挂羊头卖狗肉"的诱饵推销法的人，就是说我先去推销自己，然后换其他能力较差的人来执行。

你可能不了解自己的同事

像沛思公司这种规模不大的公司，同事之间非常了解。大家一起去滑雪，谁家生孩子大家都会去医院里探视，在节假日聚会上可以见到彼此的伴侣或家属。但是在规模较大的公司里，情况可能就远非如此。很有可能公司的某位税务专家居住在荷兰，同事们以前从未见过，除了有"这是我们公司最好的专家"这一相对模糊的概念外，可能对他的秉性和能力一无所知。

科乐公司（Kele Inc.）的首席销售官罗伯·本森（Rob Benson），解释了为什么专家常常不愿意将新同事介绍给客户项目，他说：

我好不容易争取到了这么一个大客户，我认为他们是喜欢我的。如果我再引进公司其他的同事来参与实施，他们搞砸了，怎么办？正是这种对同事到底能怎么做的担心，往往形成了交叉销售的障碍。

在介绍别人时，我们本能地就有些许内在的担忧。除此之外，我们也可能真的不清楚我们的同事到底能做到什么程度。克里斯托弗·史蒂文斯作为贡萨加大学的创业学助理教授，他评论：

> 法律、会计和咨询等领域的专业人士很难摆脱隔阂状态。每个人都把自己定位于特定学科、特定专业，他们无法超越、无法看得更远。我认为，在大多数企业中，他们并没有真正地、全力以赴地去做。

著名连锁超市企业 DXL 集团的哈维·坎特（Harvey Kanter）指出："当你第一次参与建立合作伙伴关系时，最大的挑战之一就是了解你的合作伙伴所能提供的价值。不过，在早期的时候你能有多大的自信？你又能给他们多大的信任？"

必须重新建立关系

剑桥集团的执行合伙人克里斯·佛斯迪克（Chris Fosdick）说："是什么让交叉销售变得有些困难？是化学反应。"

> 一旦你找到能与你产生强大化学反应的客户，那就太好了！对客户来说这是很棒的事，他们对与你的合作感到非常满意。这对你同样是非常好的事，因为你已不再只是推销业务，而是转向帮助客户解决问题。当然这事很微妙，当你引入一个新人，肯定是希望化学反应能够继续，不会因受到干扰而中断，但有时并不能完全如愿。

牢固的业务关系是建立在信任和信誉的基础上的。在专业服务行业中，专家与客户之间的关系经过一段时间后，可能会变得像同事之间的关系。正如佛斯迪克指出的，这种化学反应无法即时转移。

失去控制

还有一个难于在业务中介绍同事的原因是我们往往要控制与客户的关系。要确保在我们公司和客户之间的所有接触点上都能做到统一表达我们的价值观和标准，即维护客户的最佳利益和确保为客户所做的所有工作都达到标准。我们认识到，我们与客户之间的关系代表了开发更多新业务的潜力，维持好这些关系可能会增加可获得的利润。

举个例子，斯蒂芬妮·科尔（Stephanie Cole）是沛思公司的总经理之一，也是一位达到黑钻级别的旅行者，他的客户有戴安娜以及她的高知特团队。斯蒂芬妮带到高知特的项目团队成员包括卡文、埃里卡以及其他五位项目主管，每个人都在高知特建立有十几个各自独立的、几乎完全不同的高知特内部关系网络。这种关系和项目呈量级上的激增，很快就让斯蒂芬妮感觉到，她代表的沛思公司与戴安娜之间的关系如同在冰上飞驰的汽车一般难以控制。她能确保对正在发生的一切事态都可控吗？

我们一直都能看到这一点。项目负责人为客户做得很好，客户希望我们扩大业务，我们就招募更多的人为客户做不同的项目，从我们的第一个买方向不同部门的多个买方扩张。这时就会给第一个项目负责人带来一种焦虑，甚至让他产生抵触情绪。

“好消息！”埃里卡在公司会议上宣布：“我与高知特的首席营销官取得了联系，他们将请我们来做撰写白皮书的系列项目。”

“我认为，你应该先和我谈谈，”斯蒂芬妮说，她是我们在客户内部的最终交付负责人，“我们的客户戴安娜是向首席营销官报告的，我不希望让她以为我们绕过了她。”

小结：第四项困难

将我们的同事引荐给客户，无论是否因项目进展而必须增加新的人手或资源，都会对现有客户造成一定的困扰，因而这成为当前客户关系扩展的第四项困难。它包括客户对不了解新服务的人员的担心，你对自己是否完全了解同事的担心，双方都对能否顺利重新建立关系的担心，以及对项目进程和关系的控制力的担心等。对于我们正在努力寻求的关系扩展，引进我们的同事可能带来同等甚至更大的价值。因此我们需要充分了解挑战的各个细节，客户、自己的同事、客户关系的建立与控制要求，以期充分调动公司的资源能力，深入扩展客户关系。

第8节
规模化扩张导致的难题

马克·菲斯安船长是巴拿马运河港口的领航员，他从领航船的驾驶室向外望去，估算海浪高达10英尺。巴拿马运河是一条连接太平洋和大西洋的人工运河，只能通行不大的船舶。为了支持大型船只航行，巴拿马运河刚刚进行了扩建工程。菲斯安本来希望在做领航员之前能有机会先乘坐较大的船航行一次。

今晚他奉命引导一艘大型船只入港停泊，这是他第一次领航大型船。但是天公不作美，风速表读数达到了20节，海面上波涛汹涌，浪花飞溅。他的领航船乘风破浪，颠簸前行。午夜过后不久，菲斯安望向远处，隐约可见一艘船的朦胧轮廓，那就是巴拿马籍集装箱船拉尼亚号。

靠近拉尼亚号，菲斯安感到自己的心跳加速，给如此巨大的轮船领航，让人精神焕发。拉尼亚号比他以前领航的船只宽了50%、长了25%，从船头到船尾达1 090英尺。如果站在螺旋桨上可以升到几乎与帝国大厦一样高的天空。它的载货量相当于15艘兴登堡号飞艇，堪称海上霸主。

透过黑夜，看到拉尼亚号在右舷转向，这是在给领航船挡住风，在背风侧创造了一个相对平静的区域。菲斯安船长小心翼翼地将船靠了过去，系好缆绳，爬上短梯进入船舱口，直奔驾驶室，与在那里等待的尼克·瓦茨船长握手。他们将组成一个团队，引导拉尼亚号进港。先由瓦茨船长驾船通过运河到达船闸，然后将掌舵移交给菲斯安，由他引导轮船入港停泊。

瓦茨凝视着岸边的灯火，巴尔的摩港虽然是天然深水港，但对于这种吨位的大船，在这条长达 17 英里①的锯齿形疏浚航道中，还是不得不加倍小心地航行，以防止搁浅。

接近运河大桥时，瓦茨放慢了航速，命令船员准备好锚点，以防出现紧急情况。然后他看到了驳船，再进一步减速。

瓦茨先要通过海湾大桥（Bay Bridge），再通过弗朗西斯·斯科特·基桥（Francis Scott Key Bridge），海湾大桥的净空高度为 182 英尺，基桥的高度为 185 英尺，满载时拉尼亚号可以轻松地通过两桥。但瓦茨船长仍然保持警惕，预防悬索桥下垂。

在穿过两座桥之后，由菲斯安船长接管指挥。拉尼亚号艰难地右舷转向进入侧航道，开往希捷海运码头，在那里与一对拖船会合。

菲斯安船长的职责是驾驶轮船的最后几百米，他专心致志地工作，拉尼亚号装载的 20 英尺高的集装箱共计有 8 402 个，堆积在甲板上。现在风更大了，达到 25 节，大风冲击着堆放的康纳克斯货柜和整个船身，菲斯安警觉地观察着。

菲斯安用无线电通知拖船，迎风拖动拉尼亚号，防止船头撞上码头。最终，在早上 5 点 25 分，拉尼亚号安全地停泊在码头。

巴拿马运河的规模经济

从亚洲或美国西海岸海运至东海岸港口，船舶要通过 51 英里的巴拿马运

① 1 英里 =1 609.344 米。

河。在那里，需要用船闸先将船从太平洋水面抬到加敦湖水面，再下降到大西洋水面，所以船闸的尺寸限制了船舶的大小。在第一次世界大战前，约翰·史蒂文斯（John Stevens）和乔治·戈塔尔斯将军（General George Goethals）花了十年建造出最初的船闸，闸门长 33 米。到了 2016 年，巴拿马政府斥资 50 亿美元升级改造运河，包括闸门，可以通行的船只比原来宽 50%、长 25%。这些像前述拉尼亚号的船只被称为后巴拿马型货船。

几乎是同时，各大型运输公司开始订购更大的船，这些船可以多装载 33% 的货物。在运河改造计划完工的前 5 年，丹麦航运巨头马士基（Maersk）就率先订购了 20 艘新的大型船舶，每艘船造价达 1.85 亿美元。他们押注，每吨运输成本的降低将提高利润，经济学家称之为“规模经济”。

规模经济的优点在于能够以较低的固定成本大规模地生产出更多的商品或货物。马士基购买更大的船只，可以用相同的船员和其他固定成本来运送更多的货物，从而提高收入与成本的比值。这样使其与其他拥有较小船只的公司相比具有了竞争优势。

似乎就在一夜之间，瓦茨船长和菲斯安船长们不得不学习如何驾驶更大的船只通过运河。船变得更大，让像马士基这样的航运公司拥有了增加运力和降低固定成本所带来的优势。

专业服务行业的规模优势

各行各业的企业都在利用规模经济。不过规模经济取决于固定成本和产品生产之间的关系，而众所周知，专业服务行业是基于专业知识、帮助和服务的交换，而非商品。

这就引出了一个问题：专业服务领域中是否存在规模经济？

这里的答案很有可能是“否”。专业服务行业的基本定义是，专业服务人员花费时间，代表客户去应对挑战。在这里，时间是固定资源，受到业务项目可用工作时间的限制，并且更为重要的是，一天中能工作的时间也是有限的。

当进行更深入的研究时，我们就会看到专家们如何努力地利用所交付的专业服务，以扩展规模优势。

通过技术扩展规模

国际四大会计师事务所开发了一种企业税务规范的解决方案，该解决方案利用机器人流程自动化（robotic process automation，RPA），帮助大公司满足所面临的许多规范要求。在假定专业服务项目的价格不变的情况下，使用这种软件可以减少服务提供商必须投入的税务专业人员的数量即成本，从而提高企业利润。所以开发机器人流程自动化驱动的税务服务工具产品的投资需求取决于客户项目的工作量以及合同规模。

高价值工时扩展规模

一家律师事务所由三位法学院出身的朋友创办，专门处理不当解雇方面的案件。他们的商业模式是针对临时性应急案件，客户不用支付任何费用，只由公司支付所有费用的30%。为了能有效运营，他们需要谨慎地选择客户，哪些案件比其他案件更可能成功，哪些案件更有可能达成和解。而找出好案件的唯一方法是与潜在客户面谈，收集案件的事实。这种沙里淘金的活，他们没有必要自己去做（诉讼案件才能体现他们的最佳价值）。他们聘请比较敏锐的律师助理来与潜在客户进行沟通，准备法律文件摘要供律师审核。就这样，通过雇用每小时平均成本低于自己的人员来实施，他们就能够降低“生产”平均成本，从而提高公司利润。

购买力扩展规模

一家小型市场营销公司，提供帮助用户设计、拍摄和投放电视广告的服务业务，与在相关市场上排名前五的电视台进行大笔订单折扣的谈判。将所有客户的购买力集中在一起形成规模，他们就可以获得较低的价格。把这样获得的利益转移给客户，就能获得更大的市场份额，当然，也可以留下这份利润供自己的家人享用。

专业服务行业不符合规模经济

然而，更大并不总是更好。

我叔叔去世了，遗产中有一部分是在蒙大拿州比尤特（Butte）的金矿租约。翻阅文件时，我发现叔叔最近雇用了一队地质勘探人员，钻探及分析了所在矿区的一系列地质样品。低头仔细看报告，简直不敢相信我们的运气——这矿山里真的有黄金！

我们动用了401K养老金计划，启动了一个小型采矿项目。在运营的第一年，消息真是令人感到欣喜，这个矿区确实有黄金矿脉。我们挖洞开采，每10万美元成本的矿石能生产出300盎司[①]的黄金，出售可以获得近40万美元的利润。我们留下20万美元投入再生产，用于开挖第二个矿洞。但是随后，我们注意到一个问题——这两个矿洞共生产了500盎司的黄金，平均产量从300盎司/矿降至250盎司/矿。我们与地质人员坐在M&M雪茄店（我们最喜欢的

① 1盎司=28.349克。

酒吧）喝过波旁威士忌后，他们告诉了我们一个消息：尽管我们的矿区还有很多的黄金，但矿脉呈口袋型。第一年，我们打的隧道直指矿床中心，尽管我们筋疲力尽，但黄金仍分散地分布在那。地质学家们建议我们关闭矿洞，改而挖一个露天矿，从大量的泥土中筛取黄金。问题在于，这一年将要花费 40 万美元，而每年可能只能生产 400 盎司黄金。

我们不仅挖黄金，而且还挖到了不符合规模经济的一堵墙：在某些商业场景中，生产成本随着规模的增长而上升，而不是下降。

事实证明，专业服务公司也会面临不符合规模经济的问题，那么在当前客户内部开发更多业务的关键，就是要了解和克服专业服务行业中存在的、不符合规模经济的问题。

在沛思公司成立之初，我们所有的员工都在付出自己的服务。当大家挤在桃树街那 1 500 平方英尺[①]的办公场所时，我们五个人都在推介客户，在同行圈中招募客户需要的高管，预先面谈参与的高管，推动包括我们客户在内的同行对话等。管理费用非常少。有什么要解释的，我们晚上回来做；无论有什么技术需求，我们都周末解决。我们也没有网站。

现在已过去 20 多年，我们在两栋楼里拥有了 40 多名专业人员，我们有了一个首席执行官、一个首席运营官、一个管理团队，我们还在讨论要聘请一名财务总管、一名人力资源经理和一名首席信息官。假定我们对客户的服务定价保持不变，则将面临不符合规模经济的问题。我们必须找出一种方法，让我们提供的服务能充分地发挥效益，要么提高价格，要么接受较低的利润。尽管工作的专业化不一定意味着较低的利润，但我们发现，组织机构的大型化往往意味着有更多官僚职能的摩擦带来的内耗，这样的增长就不合算了。

我们了解到，一家中等规模的工程公司就面临着同样的问题。这家公司

---

① 1 平方英尺 =0.093 平方米。

的业务是负责水坝、隧道、管道以及输电设施的建设监理，只需部分工程师就能处理几乎所有的项目，因而他们备感自豪。该公司的一位经理说："只要我们拿到了项目，一切就很好。""但有时候，没有收入，消耗现金，让人感到我们每个人的专业领域都彼此重叠，而只能缩回到办公室里。"许多专业服务公司都是这样，感觉就像是要么是盛宴，要么是饥荒。

扩大规模的部分危险在于，随着工作规模变大，项目流程变得不可预测、不连续，企业的固定人工成本也会随之增加。这家工程公司的首席运营官评论说："你可以继续保持与大伙儿一起前进，不解雇任何人，这样就有足够的实力去赢得任何项目，但是工程延误、业务进度变差，以及项目范围缩小等，都可能让企业垮台。"这里凸显出规模化降低了企业的灵活性。

"团队"中缺乏"自我"

马特·乌尔里希就读于西北大学（Northwestern University），在那里他曾是橄榄球队队长。毕业后，他签约了印第安纳波利斯小马队（Indianapolis Colts）。他回忆说："能有机会与佩顿·曼宁（Peyton Manning）一起比赛，接受邓吉（Dungy）教练的指导，我真的很幸运，他们是业内最好的队员和教练。我加入职业橄榄球大联盟（NFL）三年，才有更快更强的人取代我。很多人都说'NFL'（Not for Long）代表了'不长久'！"

现在，马特成了沛思的总经理，负责企业发展。他说：

> 随着我们的企业越来越大，工作变得越来越难了。过去，我们

会挤在会议室里审视潜在客户，我会说："他们是服务于哪些行业的？他们的专长是什么？他们想为哪些地区服务？"了解他们的机会领域，阅读有关该公司的材料，观看其首席执行官的YouTube视频，我们就可以挖掘出战略重点。通常他们关注的重点就是要引起我们注意的地方。

马特坐在办公桌前，身材高大，他的队友戏称他为"柜子"——他向后靠在椅子上，椅子几乎无法容纳他。他挥舞着手，对问题的讨论更加起劲。

随后，我们开始进行头脑风暴、集思广益。如果他们在医疗保健数据和分析实践方面取得了很大的成功，是否可以将这项专营权扩展到加拿大去呢？我们帮他们在省级医疗保健服务商中组建一个数据和分析的主管小组，或者，让他们为某些企业实施网络安全风险压力测试项目。他们在帮助这些企业制定隐私政策以及数据治理协议方面已经做了很好的工作。我们可以提供思路，帮他们召集各企业的风险委员会主席并组成一个小组，还可以召集首席隐私官组成一个小组。

在他办公室外，风吹白杨沙沙作响，天空中似乎有下雪的迹象。但可以看到阴霾开始聚集在马特的额头上，与他紧张工作的强烈感形成鲜明对比。

"我觉得自己像个四分卫，挤在队友之中，指挥发动进攻。凯文，你做一个金融科技250强公司（Fintech 250，F250）首席隐私官的表；约翰，你去数据库里查查，看看哪些咨询公司有网络和隐私保护项目，列出他们项目负责人的名单；克里斯汀，你找出他们的电子邮件和联系方式；卡莉，准备一个文案，做一份新的PPT，展现我们能为企业首席信息安全官做的工作，他们将一一作出回应；雅各布，你和史蒂夫一起负责这个计划，推进进度，下周一我们一起做汇报。”

现在，我们开始失去这个状态了。事情变得太大了，杂乱无章，我们之间开始产生隔阂，没法像以前那样，查查公司系统中是否有人跟我们正要联络的人有关系。随着企业变得越来越大，沟通也越来越不完美，有时候，感觉我们就像电影《我的子弹会转弯》（*The Gang That Couldn't Shoot Straight*）一样，左手不知道右手在做什么。总之，我们认知多样性的优势正在消失。

最糟糕的是，我们正在失去紧迫感。当我们还是一个小团队时，大家都在为保持企业的正常运转而努力，现在每个人都在忙于交付项目，已经没人关心团队了。

马特搓着他那像莴苣头一样大的双手，肘部放在桌子上，身后的书架上放着两副头盔。我们感受到了他的沮丧。

有趣的是，我们知道扩大规模正损害业务开发方式，但这并不是我最大的困扰，只是我的一种感觉。我以前精神焕发，就像大伙儿一起去打猎。现在，我却有一种呆滞的感觉，手头上的只是客户关系管理（CRM）表上要填的字段，以及那些需要联系或检查的人名，再就是发电子邮件或接电话，业务开发已经失去了活力。

马特的感受对极了。在关键客户内部开发关系的最大障碍之一，是所做的事与他们无关。在人员规模扩大后，协调工作造成的内耗已经不符合规模经济模式。这正是我们必须面对的问题。小公司是瘦弱的、饥饿的且敏捷的。大型公司则变成规则驱动型，因循守旧、故步自封。因此，“开辟自己的路”就成为我们目前最大的挑战之一。

拔河比赛的伙伴们

把农民和牧场主视为农艺学家和畜牧业专家，这也不为错。当然他们是工程人员，只是不那么明显。他们总是会有涵洞要挖，有拖拉机要修理，有畜栅栏要加固，或者要把水引上山。

马克斯·林格曼从小在巴黎长大，就读于国立农学研究所，并对工程与农业之间的交叉学科产生了兴趣，在国立道路与桥梁学院学习了大量的课程。

1881 年，马克斯开始一项新的职业，按现在的称谓可以叫作推广代理。他在大朱安（Grand-Jouan）教授实用农业课程。大朱安是一个安静的农业小镇，位于雷恩（Rennes）和南特（Nantes）之间，以桑塞尔白葡萄酒而闻名。同时他还为《实用农业杂志》（*Journal of Practical Agriculture*）撰写专栏。对工程的兴趣，使他很快开始测试农用设备。这项工作引起了农业部长的注意，农业部长高调地宣称要进行产业革命，他要求马克斯成立一个中心，专门从事拖拉机、脱粒机、收割机和装载机的测试，以便更好地将部长所预见的未来农业工业化推荐给农民。

马克斯的首要任务是开发各种测功机，测量机械动力的扭矩和转速，用以了解所测试机器的容量和极限。就像其他人一样，发明了有用的工具，他不禁就要问这些测试设备还能测量别的什么吗?

有一天，他看到一群人在进行拔河比赛，由此想到可以使用测力计来测试人们拉绳的力量。正是那时，他注意到一个有趣的现象，今天我们称之为“林格曼效应”（Ringlemann Effect），即绳索一侧的人越多，团队所产生的平均拉力就越小，用产生的总力除以团队的总人数来衡量，每个人所用的力量更少，达不到力量累加的效果。

从小我们就被告知“人多力量大”，但事实证明，我们都没有那么用劲了，项目上插手的人越多，每个人的贡献就越小。林格曼写道：

> 当使用人力或物力时，单独使用可以有更好的利用率，一旦将两个或多个这样的动力源耦合到相同的负载下，在相同的疲劳水平下，每个人完成的工作就会减少……

社会心理学家称其为“社会闲散效应”（social loafing principal），有研究说，人们在共同执行任务时，团队责任心就会被丢弃，个人也不再会为成功而承担起个体的责任。即使他们觉得自己正在全力以赴，但在潜意识里还是会相互依赖，尽管最终项目被顺利完成。

扩大信任和信誉

假设我们克服了企业内部的挑战，扩大规模以应对更大的项目。接着就将面临第二个挑战：企业外部的挑战。事实证明，我们在客户组织中寻找新的买方，尝试将现在的信任和信誉扩展到他们当中，这里也存在不符合规模经济的问题。

信任是指与客户建立诚信和牢固关系的能力，客户获得保证，我们会将他们的最大利益放在首位。信誉是指有能力交付出色的工作，并在客户眼中赢得卓越的赞赏、认可和声誉。

小型专家团队与小型客户团队合作，很快就能学会信任对方，珍视对方的经验和观点。但是，一旦其中的任何一方团体规模变得庞大、业务种类增多或地理位置分散，信任和信誉就会降低。

不过，有意思的是，这正是我们可以突破的地方，可以考虑如果希望能够融入客户内部，我们应该在哪里做努力——信任和信誉的不同扩展，取决于其在机会开发钻石模型中所处的位置。

扩大信任

在机会开发钻石模型的底端，沿着左侧向上，进入推广模式。将我们已经做过的现有业务项目，推广到客户内部的潜在买方。这里，就不需要更多地证明我们的业务质量了。

举例来说，沛思公司为一家大型咨询公司的财务项目负责人建立起了一个由金融科技 500 强公司的首席财务官组成的社交团体，如果客户希望组建首席市场营销官的社交团体来参与市场营销业务，那么我们来做这个项目的信誉就可以得到确定。我们知道如何做这项业务工作，并能与首席财务官社团合作融洽，客户的营销项目负责人可以认为，如果我们承诺能做首席市场营销官社交团体，兑现是没有问题的，这不会成为阻碍我们获得这项业务项目的原因。但是，新的买方不认识我们，也不特别了解她的同事所做的金融项目。所以，她现在需要了解的是，我们是谁，是否可以信任我们能增进她的利益，我们将如何与她的主要客户打交道？我们做出的决定与她相同，或者是否有可能出于自己的利益行事？

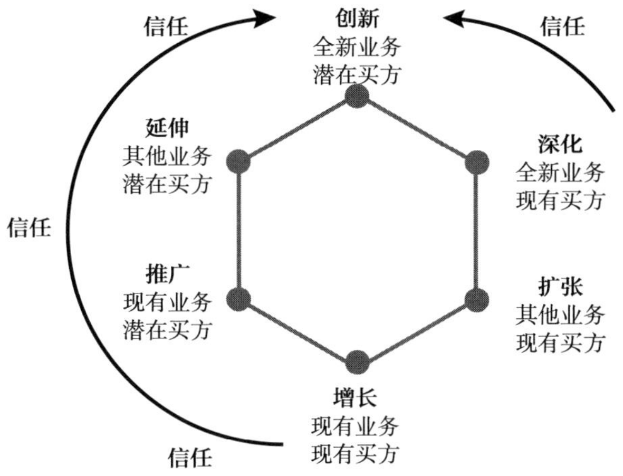

扩大信任

扩大信誉

在机会开发钻石模型的底端，沿着右侧向上，我们面临的挑战就完全不同了。要吸引现有买方扩展新业务，挑战的是我们的信誉，而不是信任。现有买方已经是信任我们的，因为在她身处困境时，我们坚定地支持了她。但现在是一项新的业务，她不确定我们是否有能力实现我们的承诺，这与她原来对我们的认识有很大不同。

我们的任务就是向她展示，我们有能力实现我们的承诺。

比如，假设我们有一个邻居是骨科外科医生，她成功地为我们的父亲做了手术，我们可能会很容易从这个经验中得出结论：如果我们自己在滑雪场上摔倒，可以相信她能帮我们做膝盖手术。但是，如果我们有些年头的日产森特汽车发生了故障，正为引擎点不了火而束手无策时，医生打此经过，她说："感觉像是齿轮箱出了问题，卸下螺丝，拆下面板，看看能做什么。"这时，我们可能就会犹豫了。

"你以前做过吗？"我们可能会问。

我们是信任她的，我们相信，如果我们摔了一跤，那找她完全没有问题。但是她有正确的经验来修理传动装置吗？这可是完全不同的事情。我们相信保姆能把我们的孩子照看得非常好，但这并不意味着她有能力在我们拥有数千名员工的公司里担任数字化转型工作的负责人。

福特·哈丁（Ford Harding）是《交叉销售成功》（*Cross-Selling Success*）一书的作者，他引用了柏诚公司（Parson Brinckerhoff）的前董事长鲍勃·普里托（Bob Prieto）的一句话——客户说："唯一的问题是，你没有从事电子业务的经验。"

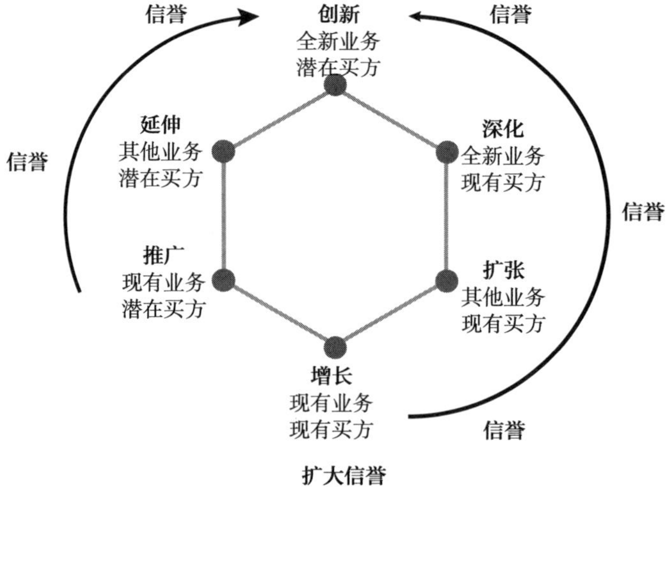

小结：第五项困难

要将与当前买方建立的信任和信誉转移到另一个潜在买方，本身就存在着困难，因而这成为当前客户关系扩展的第五项困难。即使我们为现有买方完成了专业服务项目，并表现出杰出的专业知识和能力，新的潜在客户也不一定能有相同的认知，并且常规的规模化经济规律对专业服务并不起作用。专业服务领域里的规模化扩张的本质意义在于信任与信誉的扩大，因此我们需要充分理解各个相关关系，以达到客户关系的成功扩展。

面对挑战，翻篇吧

唉！客户关系开发需要面对这么多的挑战，人都要崩溃了。

老板进来了，说："做一个计划，扩大保时捷的客户业务。"我们知道，这可不是带球上篮那么简单的事了。

因为我们并不知道难度到底有多大。

但这一直是非常重要的课题。如果我们不能弄清问题，就将一直面临困难和挑战，无法提出有用的解决方案。

现在，让我们翻篇吧！别纠结为什么当前客户内部的业务开发愈加困难。本书下一部分，让我们看看，那些从事专业服务多年的权威专家是如何在机会开发钻石模型上作出选择的。

第二部分

我们如何提供帮助

1995年，安格斯·华莱士医生登上飞机，开始例行公事的出差旅行。尝了些机上的小零食后，他开始心不在焉地翻阅起《天空商城》（*SkyMall*）杂志来。在飞行途中，广播里突然传来呼叫："飞机上有医生吗？"

华莱士医生作了任何医生都会作的反应：他愿尽一切可能提供帮助。病患是一名39岁的妇女，在前往机场的途中从摩托车上摔下来，伤势严重，有可能致命。但由于飞机引擎噪声非常大，胸部叩诊无法听清，华莱士医生和一名年轻医生汤姆·王，展开了抢救。

华莱士医生用飞机医疗工具包中的手术刀和14口径导管，加上衣架（用于套管穿刺针）、一瓶矿泉水（在盖子上打了两个孔，用作密封排水管）、氧气管（把导管连接到排水管上）、胶带（密封导管至引流管）做起了胸腔引流手术装置。利多卡因作局部麻醉剂（10毫升中加入100毫克利多卡因），消毒液是一瓶五星级白兰地。连接好排水管，患者就在座位上开始接受手术了。空气从胸膜腔排出，在5分钟内就几乎完全康复了。她安顿下来了，开始享用飞机上的餐饮和娱乐设施。

没有比这个更好的案例用来作类比，在专业服务的背景下我们对业务开发的思考方式。

如果华莱士医生登上飞机时就从空姐手上抓过旅客广播器，告诉所有人他是医生，有问题可以找他咨询等，这表现可能有点自负过头了。在同样的情形下，如果医生登上飞机就开始看病开处方，那完全就是不符合道德规范的行为了（还有可能是非法的），“你看上去有点焦虑，服点阿普唑仑镇静剂吧”“看来你需要睡眠，我有安比恩安眠药”……

有些专业服务人员也是如此，拼尽全力地争取新业务项目。在地铁或广告牌上做公众推销，与实际坐在办公室里工作是不一样的。无论什么专业背景下的业务，关键是要诊断清楚问题并有能力提供帮助。皮肤科医生告诉你脖子上有癌点，这是他的职责和义务，专业服务人员要代表客户解决问题，这也是他的职责和义务。能力强的业务开发人员懂得从倾听中寻找创造价值的机会。

想要在当前客户内部开发更多的业务工作，作为从零迈出的第一步，应该是了解客户。如果我们是那个医生，那我们的客户就是邻近的那些乘客；如果其中某位乘客因吃花生被噎到窒息，我们应该第一时间知道，并即时采取行动。甚至在空姐拿起广播器询问之前，我们就已经有所准备，并随时可以提供帮助。

04
第四章
深耕客户要了解什么

第9节 如何了解你自己

在2003年的圣诞节大片《圣诞精灵》（*Elf*）中，威尔·法瑞尔（Will Ferrell）扮演了圣诞精灵巴迪（Buddy）。巴迪比任何人都富有圣诞节精神，以极大的热情制造玩具，在所有可能的场景都会遵守精灵法则（Elf Code）的第一条：像对待圣诞节一样对待每一天。观众很清楚地了解到巴迪跟其他精灵不一样，他比其他北极人高出两英尺，只是他自己不知道而已。而且他没有其他精灵的手臂快速移动的能力，不能有效地制作玩具，他的工作成绩惨不忍睹：他每天只能做出85个素描刻蚀画，比其他人的平均成绩低了915个。当然他也是有用的，比如需要更换灯泡时，但这并不是他在北极工作的核心技能。

马库斯·白金汉（Marcus Buckingham）写过一本书《现在，发现你的优势》（*Now, Discover Your Strengths*），指出世界上没有怀才不遇这件事，关键是找准你的优势！圣诞精灵巴迪显然不是这类“发现你的优势”的人。当然巴迪也并不是孤例，太多的专业服务提供商出现与巴迪一样的问题：以85个素描刻蚀画的产能，进入一个已经达到每天生产 1 000 个的市场竞争，而不是以其灯泡更换服务走向市场。虽然灯泡更换服务似乎是一个规模较小或吸引力较小的市场，但这是他们有能力取胜的地方。

在一些新成立的咨询机构中，会经常看到这种情况，这些企业对于投放市场的产品或服务缺乏定义。这并不令人感到惊讶：新成立的咨询机构大多都是规模更大的企业的衍生品，许多大公司找校友来创建一个自己企业的独立咨询机构，以便在面对客户时有更大的自主权，获取更大的利润。不幸的是，这些人往往带着些许大咨询业的心态：他们经验丰富，做过大量的客户项目，横跨不同的地区和行业，现在他们要主导一家新的小公司，缺乏资源、案例和资格证书，无法为以前的客户提供全面的服务。

像巴迪的问题一样，他们需要专注于所能提供的产品。

学习机会开发钻石模型，**首先要问自己一个问题：我们能够在哪里获得成功？**以前从未做过这样的工作，或者进入一个完全陌生的行业或环境中，那我们就没有成功的可能，竞争对手的确有可能在那个领域取得成功，但我们只会一次次地失败。

确实，以下一系列的问题，如果能如实回答，将有助于我们摆脱机会开发模型上的风险点，找到最佳机会，扩展我们客户的业务。

企业规模

我们是一家大公司，全球都设有办事处？或者是一家小公司，业务范围和资源都是有限的？我们是在努力成为一家大公司，还是想做一家备受尊敬的利基市场参与者？

以普华永道会计师事务所（PricewaterhouseCoopers，PwC）为例，该公司目前正在投资基于机器人流程自动化和人工智能的税务工具，他们的年收入达到420多亿美元，所以他们能够做这样的投资。这种对未来技术的投资，可能需要花费多年时间才会获得利润，这超出了一般专业税务公司的能力。从机会开发模型角度来看，普华永道处于创新的位置，虽然还没有碰到需要这些解决方案的客户，但普华永道希望开发新的解决方案。在这种情况下，企业规模主宰着命运。

精品公司的机会

精品公司（Boutique Firm）往往认为自己的专业很窄，觉得应该专注于机会模型的**增长**、**推广**及**扩张**等。但要远离**深化**和**创新**，这两者与他们目前所从事的工作并无相关性。他们可以从各种途径进入一个新的工作领域，一旦最终启动新业务领域，就像开启了一个全新的公司。**增长**现有买方已经做过的业务，将已经做过的业务**推广**到客户公司中的其他潜在客户，帮现有买方开发新业务以**扩张**其服务线，这样他们才具有了成功赢得新业务项目的能力。我们与一些小的企业交谈，他们告诉我们，一个成功的客户项目往往会带来其他相关联的业务。

有趣的是，精品公司也有可能去**延伸**和**深化**服务内容。当机会出现时，如果他们具有高度敏感性，就有可能赢得他们以前没有做过的新业务。精品公司的小规模和敏感性，让他们有可能获得一些较小的项目。这些小项目常常周期短，稍微超出一点他们的核心业务，但又足够接近他们的主线，完成这些小项目后可以快速地回归到他们的主营业务范围。

精品公司具有一些独特的优势，赋予他们独特的能力，能适应自己的企业发展，如下所述。

文化

“文化就是把战略当早餐吃”（culture eats strategy for breakfast），是一句广为流传的管理名言，一个公司的成败更多地取决于该公司员工的价值观和行为。小公司具有浓厚的文化底蕴，可以快速地适应变化。在许多小型公司中，每个人都有很强的参与感，他们有很强的创新和交付能力。在小公司里，不存在大公司庞大的如管理层次结构、人力资源流程等带来的高管理成本。各种新理念就不太可能在规模较小的公司里被埋没，而大型公司的漫长批准和实施流程，就可能会阻碍前沿创新。在小公司里，你可能会一边在大厅里玩着滑板车，一边问首席执行官是否可以实施新的程序管理系统，一个简单的“是”就可以激发你的灵感。而在大公司里，这样的提问可能需要几个月的时间才有答案，等到那时候，灵感已经消失殆尽了。

敏捷

小型组织是敏捷的。大型组织也投入大量的资源到敏捷业务战略中，以期不用花太多努力就能在一定程度上像小企业那样适应改变。甚至在投标之前，大公司就必须探索可能存在的陷阱，提出问题，如“处理这种状况是否应该通过定价和建议委员会？”“冲突检查是否完成？”和“客户小组还有谁需要通知吗？”这可以降低风险，但也会扼杀行动。相比之下，小公司的组织机构有限，可以迅速采取行动，以应对客户的挑战。

讲故事

讲故事就是做推销。在沛思公司成立之初，公司的故事似乎属于每个员工。每个新客户的得与失，都伴随着大家的乐与忧。但是随着小公司规模逐渐扩大，公司的故事在整个组织中就变淡了。确实，小型企业能创建出一种结构来适应其文化，以确保他们保持讲故事的能力。

大公司的机会

没有什么事情是大公司办不到的。大公司可以拥有许多专家，覆盖各个行业、各个领域以及各个地区。但是，这种广度同时也可能是一种障碍。当你以全能而闻名时，你是否真的什么都知道？大公司通常很难培养客户，因为客户，包括公司的合伙伙伴，都不太了解公司能够为客户提供的所有服务。的确，大公司在结构和技术上都会特别地下功夫，让他们的各种产品和解决方案获得广泛的认可。广泛的服务业务和专业能力是大公司的优势，但是如果公司的专家都不清楚公司的工具箱中到底有些什么，那么即使是一个简单结构的项目，可能也做不成。大公司确实有一些不公平的优势，如下所述。

技术

在技术方面，大公司能够做得很好的地方，是客户所需要或将需要的新技术，只有大公司才有能力开发出来。还有一个能做得好的地方，是可以投入大量人力物力以做好公司的解决方案、成功案例的资料以及资料库。客户关系管理系统让我们能够做好记录，保障与客户的完整、流畅沟通，在各个方面扩大信任和信誉。此外，系统可以将公司内的专家连接起来，让这些不同领域的专家能够了解同事们的能力所在，了解哪些可以对自己的工作有所帮助。随着技术的进步，我们期望这些系统变得越来越具有预测性，为当前交付的系统提供补充服务，给新的业务赋能。一旦让专业人员了解了如何将数据输入客户关系管理系统，其价值就会被挖掘出来。

全球化

客户越来越重视将局部地区的专业知识推广到全球，大公司可以把握机会扩大合作，与客户一起成长。假如你是一家美国制造商，首次在拉丁美洲开设一家工厂，那你可能会向在该地区设有办事处的四大国际会计师事务所咨询税务服务，而不是找一家当地的私人会计公司。随着业务变得越来越全球化，大公司都希望与有世界范围业务的公司合作，而不是局限在本地区。这种全球化也改变了专业服务业务关系的发展方式，在当地乡村俱乐部与潜在客户勾肩搭背搞关系的日子已经一去不复返了。专业服务越来越指向特定的受众，而不是特定的地域。大公司可以为专家整合全球各地的资源，为满足用户特定的需求量身定制解决方案，提供专业服务。

工作机会足够大成为大公司的优势之一。他们可以与客户一道扩展机会开发钻石模型中的各个模式。有趣的是，他们总会不时地翻出一些附加业务工作，看看能否在规模化中得到更好的利用。

企业结构

企业的矩阵式组织结构如何影响其市场营销方式？

大多数大型专业服务公司都是按地理位置、行业和服务领域来组织的。唯一更复杂的形式类似于《黑客帝国》中“救世主”尼奥（Neo）和黑客组织首领墨菲斯（Morpheus）之间的关系。针对特定地理位置或专业服务业务的收购，以及不常发生的大规模企业合并等问题，增加了组织结构的复杂性，再加上各种企业资源管理系统，足以让人感到头疼。基于复杂性，组织结构既是企业面临的挑战，也是改善企业运营协作与使企业快速增长的关键。

首先，企业的运营模式应该反映出客户所需要的合作方式。比如，公司是否正在为跨地区、有特定资源需求的国际客户提供服务？业务是否正处于像石油、天然气这样的行业中？该行业的特点是地域范围非常狭窄且法规繁多，你的服务是适用于多个买方还是只适用于一个特定项目？

其次，尝试利用组织结构来塑造公司内部的文化和运营。比如，是否尝试建立一种较少依赖出差旅行的企业行为模式，即由区域办事处组织本地客户服务的方式？是否尝试在业务开发过程中，将员工引入多个行业、部门和文化？围绕差旅和跨职能协作的结构，是否要增加一些关键专家或领导者投入的时间和精力？企业结构应确保专家的时间和精力花在与主要客户或潜在客户沟通上，而不是陷入管理程序的细节困境。

上述问题并没有一个确切的答案。我们已经看到过数十个客户公司的“重组”案例，涉及各种类型和规模。这些频繁的变革似乎是说，这些公司正处于发现错误、及时纠正的过程中，但也不是完全如此。驱动重组带来许多期望目标：

- 引入新人和新思想到特定的服务产品中。
- 建立合作机制，促进业务部门之间的关系培养，从而增强对公司服务产品的认识，提高整体合作推销的可能性。
- 为那些高绩效员工创造职业发展道路，让他们时刻把握重要的客户开发机会。
- 实施创新：让高素质的专业服务专家轮岗转换，预防业务项目随着时间推移而停滞不前，并且“新官上任三把火”，增加改进现有工作进展局面的可能性。

评估企业的组织结构，可以很好地展示公司的目标和价值，以及领导层正在寻求的优化方向。但是，也要知道，企业的市场策略反映了你在机会开发模型中的位置。比如，强调公司的地域性质，则可能很难将业务开发到位于不同地理位置的其他潜在买方（涉及推广、延伸和创新）上，需要重点着眼于机会开发模型上的某些点，更充分地服务于所在地区的买方。同样，如果要依靠服务产品线进入市场，那么就要更简捷地采用增长和推广模式，而不必考虑将公司其他职能领域的专业人才引入到客户中。也不是说不能这么做，只是说这需要其他更多的策略考量。

成长策略

企业计划如何增长——自然增长还是并购增长？每种途径都有不同的原因，也有不同的价值，从机会开发钻石模型的视角来看，从不同位置均能取得相对的成功。

自然增长

安达信会计师事务所，原国际五大会计师事务所之一，创始人是亚瑟·安达信（Arthur Andersen）。在亚瑟看来，“公司”是一个很关键的文化概念，根据此定义，公司不应是收购性的。相反地，亚瑟认为，企业发展的决策应该是有意识地和战略性地由内向外发展。除了偶尔引入一些横向合作伙伴以外，企业增长都应该是自然的。

亚瑟给出了论证，“企业”的概念可以凝聚整个组织的文化，使公司文化自然地在各处传播，减少进行强制性文化建设活动的需要。安达信公司文化是充满人性活力的文化，如果与员工们谈论在公司的时光，他们仍然对公司充满诗意的团队文化念念不忘。员工入职的早期，就在神奇的圣查尔斯中心

（St. Charles center）接受培训，那是企业文化开始建立的地方。

这可能不是最简单的增长方式，从头开始开发新的服务产品是很难的。自然增长还需要启动资金，而收购利基公司就可以避开这一点。但当一家公司试图跨越文化、地理和行业边界做并购时，这些挑战会成倍地增加。

安达信公司有浓厚的文化底蕴，但这也正好表明它的公司规模很小。即使是跨服务产品、地域以及行业，但在公司内部都相互认识。他们在年轻时就进入这个领域，经历了同样的圣查尔斯中心训练，大浪淘沙地幸存下来，并且跟公司一起茁壮成长。这个行业里并没有大进大出，很多专家把一生都贡献给了这个领域，个人和公司已经合二为一。当你满世界出差，中途在贝鲁特需要帮助时，拿起电话毫不费事地就可以找到协助，这就是安达信公司的文化。公司的同事出手帮了你，因为他们知道有一天他们也会需要向你求助。

基于以上理由，那些选择自然增长的公司，能更好地让员工融入企业；而通过并购增长的公司，原有的员工可能不认识新公司中的任何人。自然成长型公司在机会开发模型中的扩张、延伸和深化等位置都做得很好，而这几个方面都涉及将你的同事引入到你的客户中。

并购增长

当企业专注于快速增长时，通过并购实现增长可能是一个强有力的策略。此类增长可用于达成某些指标，实现市场或私募股权合作伙伴的苛刻要求。竞争者之间争先扩大规模，这是一个很好的“抢滩”市场策略。好处是，这种增长非常具有吸引力，购买一家较小的公司，按其收益的数倍作价，然后将此收益在公开市场上“出售”，收益却能呈数倍增长。

对于尝试开发新业务线、进入新行业或相关的区域环境，收购也可能会有所帮助。威普弗利公司（Wipfli）是一家提供税务、审计、会计服务及商业咨询的顶级会计师事务所，收购了科罗拉多州丹佛市的鲍尔勒公司（Bauerle and Company），目的是建立自己的建筑和房地产业务。鲍尔勒公司在落基山脉地区，主导建筑和房地产（CRE）市场，在其他市场中，是威普弗利公司在建筑和房地产项目的无缝补充。这种收购降低了威普弗利公司业务的风险，使其快速成长为该市场的参与者，避免了需要长达数年才能在这个市场中建立关系、争取项目的状况。

如果公司专注于通过收购实现增长，那么就会与强调参与和协助的行为文化产生矛盾，而自然增长型企业正是胜在机会开发模型的这些位置上。不过，这个优势体现在，当你需要进行新的或不同的业务（**扩张**、**延伸**、**深化**以及**创新**）时，总是可以购买到这些新产品。安达信可能需要花费数年时间才能开发出系统软件写作的产品，而你可以在不到9个月的时间内就购买下这些产品，并获取更多的收益。

聘用有经验的人

在这两种增长策略之间，有一个中间点，是聘用有经验的专业人员来提升企业的业务能力，许多专业服务公司都采用这种方式来作为快速追求目标的策略。这种聘用属于平行移动转岗、薪资职级相当、工作岗位变化，用人力资源的专业术语，可称为平行聘用（lateral hire）。要能够有效地应用这个策略，需要注意到以下几点：

- **审核**——明确双方之间的期望。比如，你希望了解些什么？你是否期望他们带来新的关系和业务开发？你的成功目标和指标是什么，可以实现吗？

- **报酬**——明确报酬方案。公司有责任清楚地说明薪酬制度，以及对新任合伙人的适当期望。预期的奖金不能代替基本工资。

- **文化评估**——需要时间了解其对企业文化的适应。举办社交活动，让员工与横向应聘者沟通交流。作为面试过程的一部分，让应聘者在办公室里待一天，以便双方都能确定是否合适。聘用要慢、解聘要快，这是潜在应聘者和所有其他受聘者都遵循的道理。几年前，沛思公司尝试过一次平行聘用，结果是搞砸了。我们当时认为可以利用潜在聘用者的渠道影响力，把握一次“超车”的好机会。但是我们忽略了现有员工的建议，以为他们是被竞争对手吓倒了。结果是我们的人是对的，我们发现她的适应性很差，敌意很重、傲慢自大、缺乏合作能力。在任不到一年，她就离开了我们公司。

- **细节评估**——职场幸福感蕴藏了很多细节，各个公司都不相同。重要的是，要看到“公司生涯中的一天”的完整景象。比如，他能获得行政的支持吗？他会自己写方案书吗？如果出现新想法，他有能力应用吗？细节决定成败，这些都可能是平行聘用的陷阱。

你的团队

下一个问题：谁准备好了？

要了解企业能够获得成功的方向以及成长模式的最佳位置，关键在于要深入地了解我们的能力以及我们同事和团队的潜力。显然，延伸模式（潜在买方引入不同的业务）与创新模式（客户从未做过的全新业务）的区别就在于是否具有开发能力。

波士顿咨询集团的蒂埃里·查桑指出，在做项目准备时，了解自己的能力以及同事的能力是非常重要的：

> 对我来说，非常重要的一点是仔细选择我们的业务产品。我一直在训练我们的团队，确保他们不会选择错误的项目。如果做错了项目，导致客户不满意，就会损害我们与客户的关系。波士顿咨询集团这个品牌应该是成功的保证之一。首先，提供正确的项目给客户合作是第一要务；其次，在项目实施的每一步骤，都应安排合适的专家和有经验的人员，确保我们的服务质量超出客户的预期。如果我们接受的业务是改建项目，则要仔细选择合适的项目部分，确保项目的更改是可行的，并且知道如何继续实施下去。如果项目不能继续实施，这就浪费了客户的时间和金钱。

为了加速提升我们在机会开发钻石模型中的发展能力，我们需要花费时间去了解、认识我们的同事，并且建立相互信任和牢固的关系。

现在，让我们返回到苏茜与汤森路透的合作场景，探索充分利用公司同事的能力所能带来的收益。看看苏茜是如何在机会开发钻石模型中扩展与汤森路透的合作的：

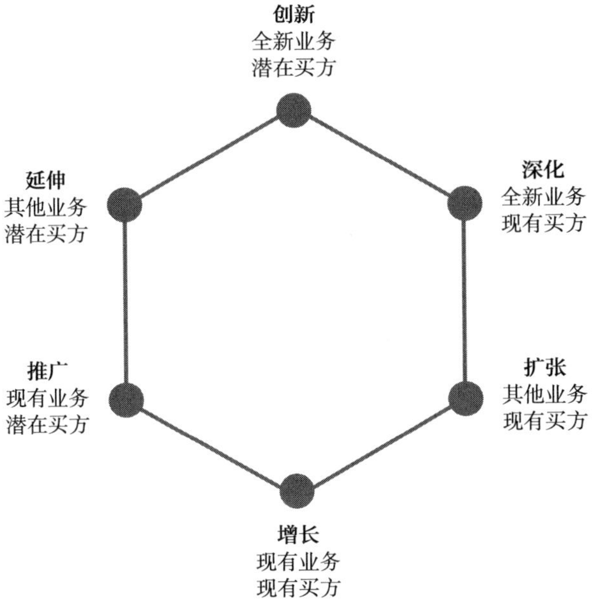

1. **增长**。苏茜在帮客户召开全美律所100强企业的首席信息官会议项目的基础上，开展首席财务官会议项目（即与同一现有买方增加现有业务的内容）。

2. **扩张**。苏茜在帮客户建立企业关系网络的基础上，建立高管个人关系网络（即在现有用户中扩张其他可提供的成熟业务）。

3. **推广**。苏茜为客户的潜在买方，建立媒体和电信市场营销总监网络（即将同一现有业务推广给新的买方）。

4. **延伸**。苏茜为汤森路透的研究部门提供人力资源主管业务项目（即没有在客户内部做过但提供商已经很成熟应用过的业务）。

5. **深化**。苏茜帮助汤森路透开发客户首席信息官"走近你"视频采访项目（即将提供商没有开发过的业务提供给现有买方）。

6. **创新**。苏茜为汤森路透开发其他潜在买方，提供客户高层可全年参与的活动（即以前从未提供过的新业务，帮助其他潜在买方解决问题）。

苏茜花了整整 10 年的时间才达成这些新的客户开发机会。如果苏茜引入其他团队成员，是否能加速开发与汤森路透的合作伙伴关系？

1. **增长**。苏茜招募了一名资历较浅的同事，以推进全美律所 100 强客户的每年四次的网络远程交流活动。因为新同事的加入，苏茜得以腾出时间来寻求其他增长机会。

2. **扩张**。苏茜将新员工带入汤森路透客户团队，让他专门从事活动策划和活动现场主持。这名新同事在组织活动方面拥有 20 年的经验，因此公司信誉立即得到了提升。

3. **推广**。苏茜引进两名经验丰富的同事，他们做过大量的网络远程社区活动，一位专门针对首席信息官，另一位专门针对首席财务官。汤森路透因此扩大了与沛思公司的合作，两个新的其他部门都开展了这些新的业务项目。

4. **延伸**。沛思公司的新员工是专门从事现场活动策划和协助的，可以推进汤森路透的校友联络业务。因而，苏茜及同事发展了客户内部的新买方，获得了一项业务项目，为汤森路透年会上的分项活动提供计划和促进服务。

5. **深化**。苏茜向她的客户引见了沛思公司的一位同事，她是有技术背景的专家。她看到了一个机会——在汤森路透客户关系管理系统中集成沛思公司的业务。这项业务她也没做过，但她有核心技术，并且基于苏茜与客户建立的信任，一定能赢得这份业务项目。

6. **创新**。苏茜在与汤森路透的同事的沟通中，看到了一个机会——可以让所有汤森路透的客户经理进行远程工作。苏茜和她的同事利用沛思公司的技能开发新的业务服务，帮助汤森路透内部的其他潜在买方解决问题。

个人品牌

在公司中建立个人品牌，情况会如何？

我们要了解公司组织内的各位专家，才可以将他们介绍给我们最好的客户，继续赢得并交付出色的业务服务。相应地，公司应该在内部建立专家个人品牌，以便让其他同事将合适的专家引入到他们的最佳客户中去。公司有责任让其他员工了解专家的专业能力，以及为客户提供服务的经验。毕马威（KPMG）的格雷格·恩格尔（Greg Engel）分享道："你必须找到自己的专业定位，对个人来说，这是成为一名炙手可热的专家的一条捷径。专家声望可以让自己展现在人们面前并赢得新的业务机会。"

辛迪·汉纳菲（Cindy Hannafey）早期在集智联合会计师事务所（UHY）工作过，她回忆在那里的经历时说：

> 我来到集智联合会计师事务所时，史蒂夫·麦卡蒂（Steve McCarty）是第一个找我合作的人，他把我引荐给他的客户。我们秒杀了这个工厂搬迁的项目，为公司创造了可观的收入，取得了巨大的成功。客户说这是他们做得最好的一次工厂搬迁。这段经历，给我及我的财务和金融服务咨询公司的团队和客户之间开启了更多的合作机会。史蒂夫现在已经是公司的首席执行官了。

我们不能期望同事们能记得我们能够做的一切，因而，要给他们留下一两个特别的客户案例。沃尔特·希尔解释道：

> 你必须在内部向客户经理推销自己，必须说服客户经理你可以做得很好。尽管你可以列出一长串理由，说在大型以及小型企业中不应该这样，但是必须这样做。在埃森哲，我们的一些同事曾经非常生气，说："为什么我们必须在公司内部推销自己？"我说："你看，事实就是这样，人家在客户那里做得好好的，为什么还要把你引进去呢？"我们要教会区域服务负责人如何赢得区域经理和客户经理们的信誉，通常，他们重视技术细节，如共享服务、网络安全以及补救措施等，实际上，这些对区域经理或客户经理们没有任何帮助，反而会加重他们的紧张感。客户经理们知道，服务主管所强调的这些技术问题，客户不会感兴趣。

因此，必须教会那些服务经理们，如何利用特定的客户案例向客户经理推销自己：这是我们为亚马逊所做的项目，这是我们为花旗银行所做的业务，这是我们为北达科他州所做的服务，这是问题所在，这是我们所做的工作，这是成果。

专家告诉我们，一旦我们成为公司的万事通或万金油，就能够清楚地跟伙伴们沟通如何为客户提供帮助，这就是一个好的开端。与同事们共享专业能力，是我们可以采取的最简单的业务开发行动。

引申来说，如果我们所在的公司拥有很多聪慧的、高度差异化的专业人员，当你看到你的客户有需要时，很快速地就知道应该找谁。当你有客户正面临不当解雇诉讼时，你就知道要找乔治，因为他曾是美国顶尖的雇佣诉讼律师之一。**一个拥有强大个人品牌的公司，扩张和推广也会变得更容易一些。**

你的利基

你公司的利基（niche）是什么？

利基是指针对企业的优势细分出来的市场，这是一个小市场并且它的需要没有被服务好，或者说“有获取利益的基础”。专家们说，他们花费大量的时间来进行头脑风暴，寻找在客户内部发展的机会，也花费同样的时间对这些机会进行排序分析，思考基于他们的能力有可能获得成功之处。专业服务公司应该努力提升自己的利基——成为最大的咨询公司，或者成为历史悠久或最受尊敬的咨询公司——坚称自己可以做出正确的主张。

在各种各样专业服务的广告宣传中，买方其实很难记住谁在做什么。精准的利基能够建立品牌认知度，突出特色服务或专长，让你可以与其他公司区分开来。在市场上推广企业品牌，一家企业称其专业能力能够解决普天之下的任何问题，另一家企业则称其是专注于中间市场软件企业的最佳咨询公司，如果有一家中间市场软件公司遇到问题，则后者更有可能成为首选考虑。甚至，圣诞精灵巴迪都意识到了良好利基的力量。当巴迪想招待他的美女一杯温暖的冬季饮品时，他会直奔纽约商店而去，因为广告上说这里有世界上最好的咖啡。如果那个商店突然又做广告说，拥有世界上最好的苹果派、最好的比萨饼、最好的蔬菜水果布丁以及最好的马提尼酒，人们可能会开始质疑他们对咖啡的广告了。真的有人可以同时成为所有方面都“最好”吗？

埃森哲的克里斯·蒂默曼斯（Kris Timmermans）解释说：

> 我曾创建过一个零基预算法（zero-based budgeting）服务产品的品牌，做任何预算都像是第一次做一样。我们采用零基础编制计划

和预算业务，提供了10亿美元以上的战略和咨询服务，我们成为市场领先者。我们的品牌存在于这个特定领域里，我们出版了一本书，在世界各地广为人知，我们在这一领域的用户数是第二名公司的10倍。因此，在这个非常肥沃的市场区域里，你可以打造一个品牌，但是要达到这个目标，则需要投入5～10年的时间。

利基市场之所以如此强大，是因为它传递了定义明确的价值主张，同时还为有效的市场营销铺平了道路。项目可以起步于缩小培育客户数量的聚焦战略，专注于与最有可能合作的200～500名高管发展关系，针对这个群体发布一些相关的、有用的引导性思想。

许多公司担心，它们无法声称自己是行业中的第一或最大。

解决窍门是缩小利基范围。你可以成为世界上最大的甜甜圈公司——唐恩都乐（Dunkin Donuts），拥有11 000家分店，收入达13亿美元。当然，如果你确实做不到这个，则可以是蒂姆·霍顿斯（Tim Horton's）咖啡连锁店——加拿大最大的甜甜圈供应商。你还可以是缅街（Main Street）上的幸运甜甜圈（Lucky's Donuts）——温哥华最佳甜甜圈。查找并掌握这种最高级的利基，有助于你脱颖而出。

当你查看机会开发钻石模型时，可能会倾向于面向客户需求提供基于你的利基范围的业务。比如你想到了聘用谁可以达成这项项目时，你就会说：“是的，我们可以开发软件。”你采用了创新模式。但是你想去做吗？或者说，在寻求新的增长点时，你真的降低了品牌利基吗？

当心品牌牢笼

我们建立起了品牌，巩固了自己的利基战略，而正是这个品牌，有可能会成为一条城墙外的护城河、牢房窗外的铁栅栏，使我们难以再脱离它的束缚。这与上文所描述的相反。精准利基品牌是开发新业务的最有效方法，但同时它又阻碍了我们组合服务的扩展之道，这对扩张、深化或创新等机会开发模式提出了挑战。为了扩展服务范围，我们不得不建立一个新品牌，这又要投入时间、工作和金钱，还需要能够证明我们所具备的新能力。

致同会计师事务所（Grant Thornton）的尼科尔·乔丹（Nichole Jordan）解释：

> 有时候，在没有品牌许可的区域可能会获得机会。但我们必须展示我们在其他地区所做的业务，而不是简单地告诉客户。我们必须能够说："与这三个同行业公司一起，我们完成了这种类型的企业风险管理项目，为他们带来了这些收益。请随时与他们交流。"这是展示我们已交付业务的正确方式。

另外，如果你想扎根于自己的精准利基市场，就将你偶尔遇到的业务推荐给别人。注册会计师凯莉·范·戴肯（Carrie Van Dyken）说：

> 我们是一家专业公司，所以要努力坚守住自己的一亩三分地，对超出我们专业知识范围的建议和咨询业务，我们不得不谨慎地加以控

制。客户经常会找我们询问有关政府项目、员工歧视法、保险等方面的问题。他们先来找我们，我们通常再转介给其他认识的人。

这都说明，有一个强大的利基品牌不会阻碍你从事新业务，你只管全神贯注地开始新的工作就行了。

幸运的是，正是因为我们非常了解自己，所以可以更好地摆脱品牌困境。随着对公司、团队和自身能力的深入了解，你将能够确定自己的核心技能，这些技能经过重整部署，就有可能带来相关的新机会。

比如，沛思公司的核心技能在于高管的招募和面试、材料综合、促进交流等，并为战略业务开发的后续行动提供指导。几年前，我们问自己，这些核心技能还可以应用到哪些地方？比如，我们的客户还在哪里招聘和面试高管？这个过程产生了新的服务业务，用以研究工作及复核失误，这两者都涉及要在高管繁忙的日程中挤出时间，做周密的采访沟通。我们首先考虑的是在哪里有成功的可能，以扩大我们的服务范围，鼓励我们的客户利用我们来解决其他挑战。基于这里，我们能够确定可以提供的服务类型，客户相信我们可以做到，即使我们之前从未与之合作过。依靠这来之不易的当前客户的信任，我们可以摆脱品牌牢笼的困境。

我们服务客户和发展业务的能力，始于深入了解我们公司、团队和自身的能力。但是，这些基础不足以让我们赢取新的业务项目。正如我们要花费时间认识自己一样，也必须花时间去认识并了解我们的客户、客户的需求、客户的挑战以及客户的机会。

第 10 节
如何了解你的客户

我们采访过的每一位业内专家，都有一个共同的、坚定不移的信念：研究客户以及了解客户的战略意图，这是很重要的。只有了解了我们的客户，才能提供最好的服务：在什么地方，我们的专业能力可以匹配客户所面临的挑战以及需求。以下是毕马威会计师事务所的威尔·威廉姆斯（Will Williams）的表述：

> 你必须深入地研究客户，了解客户所面临的业务挑战，以及他们努力推行的战略决策。你希望拥有一种文化能够始终宣称："嘿，如果我们想成为一名全明星球员、世界一流的专业人士，就必须永不停止地研究我们的客户。"你绝不能故步自封，仅仅提供一点点专业服务而已，应该努力施展公司的全部力量，尽你所能地提供更多方面的专业服务。

因此，让我们做好准备，像回到学校成为最好的学生一样，看看如何才能成为客户最好的服务提供商。

“内部人员”身份

首先要认识到，我们需要审时度势。如果我们要培育当前客户，就要努力了解客户。如以新身份和以成为“内部人员”身份相比有什么不同？我们采访了许多专家，他们指出后者具有以下三个优势：

（1）**隐含信任**。如果我们已经进入客户内部，那么就不再是局外人了。尤其是大公司，大量的潜在竞争对手试图破壁而入，因此客户会挖出心理护城河，将很多人挡在门外。而我们已经身处公司内部，就是被选中的人了。

（2）**硬信息**。我们如果在客户外部，并试图在客户内部扩展机会时，或许付出了很多的努力才仅仅知道谁在做什么。而当我们处于客户内部时，企业的某些硬信息如组织结构之类的，获取就容易得多，有帮助得多。基于正在进行的项目，我们还可以访问一些机密信息，比如部门损益、预算、新系统实施的高层认知、计划削减、策略和规划等。我们不可能像007那样窥探客户——这肯定会损害信任，但从有益于客户增长的角度出发，我们可以诚实地处理所看到的东西。

（3）**软信息**。我们采访过一位大型工程公司的专家，他直截了当地说：“工作场所就是生活舞台。”在现场，我们所建立的关系，不仅包括客户的现有买方团队，还包括其他团队。在信任关系的背景下，人们会放松警惕，谈论什么可能是真的（有根据的猜测），什么应该是真的（自己的观点），这事对谁可能是真的（八卦新闻），等等。正是在这个似是而非的模糊环境中，专家与客户主管互动沟通，才可能产生需求建议书（RFP）。谣言是即将发生变化的信号，而培育客户关系的机会就在这变化之中。

丢开手册

“但是，我们是独一无二的。”这句话经常从各个行业、各种类型的企业高管的嘴里说出来。如果专家每听到一次就能获得 1 块钱，那他在 30 岁就可以退休了。众所周知，这就是专家顾问不停地登门的原因。精致的手册虽然包罗万象，却屡屡碰壁。比如，“我们有 14 个企业资源计划系统、一个分布式后台办公系统以及不一致的激励机制。”专家们碰到这种情况也没机会。他们发现，他们没法了解这个企业面临的特定或独特问题。

研究成功案例绝对是重要的，但是声称根据对当前客户的了解就可以将我们的成功样板推向其他领域，对那些领导着成千上万复杂组织的企业高管来说似乎是一种侮辱。**丢开你的手册，开始提问吧！所提问题应该指向了解客户的整体策略、所要服务的团队角色及如何利用你的能力来达成这些目标。**

令人惊讶（或不足为奇）的是，好奇心的表现可能是发展客户关系的关键因子，缺乏好奇心可能会产生相反的效果。安永会计师事务所的戴夫·卢博威（Dave Lubowe）赞同道：“我的一位长期客户的首席执行官跟我说，他拒绝了另外一家咨询公司，原因是在他们的提问中，无论他是否在推销，竟然都没有提到‘戴夫’。”

有效的倾听

与通过巧妙提问来展示好奇心一样，倾听对方的回答也是同样重要的。仅仅看到机会出现时才开始倾听那就太迟了。倾听是发展新业务的关键，我们必须养成倾听的习惯，以便我们深入地了解客户。而且，不应该只询问及倾听单个买方，最好的专家会不断地从多个利益相关者那里收集信息，以明确企业的方向。如果倾听过程被打断了，则很有可能是业务项目已经被这位机敏的专家赢得了。

在考虑客户关系时，专家应该经常琢磨几个问题：我们如果一直在很好地倾听，那么应该能够即时回答出任何方面的问题，并且能够认识到答案可能一直在演化中。你应该能够回答的有关客户的问题有：

- 他们的预算周期和财政年度是怎样的？
- 参与此项目的每个人对成功有什么样的定义？公司对成功是如何衡量的？
- 这个项目是否与更大的公司战略计划相关？我们如何确保与这些目标保持一致？我还应该和谁保持联系，以确保整个项目的进展？
- 该项目如何与公司内部的其他业务部门交互？
- 我们需要获得谁的支持才能顺利实施项目（以及续签合同）？
- 哪些外部因素（比如监管环境、人才短缺等）正在影响该业务或行业，从而可能影响该项目及我们未来的合作伙伴关系？
- 项目的变更管理流程是怎样的？我们在推动有效变革中所学到的一些经验教训是否可以引进到这个过程中？

如果意识到我们自己还没有找到答案，那么就该再次提问，进而更加仔细地倾听。

通过管理变革增进关系

沃尔特·希尔强调，在所有业务领域引入管理变革是非常有价值的："每当你所实施的项目对客户企业组织产生潜在影响时，总是会包含重大的管理变革。如果没有产生影响，就不应该做这样的项目。不在你的业务领域引入管理变革是很愚蠢的，不在你的业务领域引入管理变革就不会有成功。"

鼓励专业服务提供商寻找创新解决方案，以应对公司的重大挑战。精巧模型和增强技术通常来自多年的经验积累及艰苦研究。专家们完成业务项目之后，看到客户将新开发的解决方案奉为灵丹妙药，往往会心有不安，因为企业集中人力物力经过努力才达成的特定成果，结果却被忽视了。只要是团队，就一定有政治问题、等级制度限制以及其他因素，因而，管理变革在任何合作过程中都变得极为重要。一把钥匙开千把锁，拿出一套新的运营模式就一了百了这是不行的。

引入管理变革有很多好处：

• 增加了项目成功的可能性。

• 扩大了企业内部与该项目的关系，并加大了企业对项目的支持力度，以最大限度减少关键客户买方的离职风险。另外，当现有买方转到别的公司时，这种关系就会成为潜在业务的种子。

• 加深了对客户优先级的理解，有利于扫除企业内部政治问题的阴霾。

• 为其他增长机会奠定了基础。

引进管理变革的最终利益在于凸显巨大的机会以便于在客户公司内部实施更多的现有业务（即增长模式和推广模式）。正如希尔所描述的那样："引入管理变革会要求你与很多人沟通。如果你去联络他们，那么你就已经打开了扩大业务的大门。最后，你需要回到他们中间去，与他们分享。只要他们处在变革中，就能看到你。然后他们说：'哇！就是这个人，取得了这样的成果。'对我来说这个结果是非常明显的，只是很少有人这样做。"

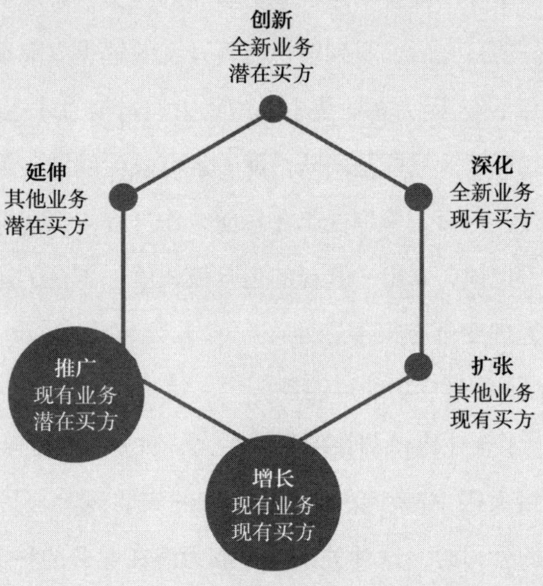

这里，关键是要预先建立关系。买方对专家顾问会存在天然的不信任。专家顾问在大厅中游荡，手握 20 页的宣传册，吹嘘自己最近的项目有多么成功。管理变革中会涉及许多决策者。它提供了一个自然的沟通渠道，在不会一帆风顺的过程中，帮助你做好创造价值的解释工作。让关键决策者看到你的出色工作表现是最容易获得增长机会的。如果专家对你所提供的服务有自信，就会尽可能展示其工作成果给更多的人。管理变革是一种切实有效的机会开发方式。

公司政治生态

显然，咨询业务创造的价值应该超出项目成本。达成这个目标可以采取各种方式，如降低成本、增加收入或降低风险等，但不是非黑即白。专家顾问应该了解项目对整个组织产生的影响，以及项目在该组织中运行的方式，最重要的是，要了解对参与项目的员工个体的影响。

几年前，我们曾邀请一家《财富》500强公司的首席运营官和首席财务官参加活动，两人都同意参加。但在注册和前期安排的过程中，我们了解到两位高管之间矛盾很深。一旦他们知道对方也答应参会，恐怕就会取消参会。显然，这是我们没有很好地了解这个公司的政治生态。结果，我们没能邀请到他们中的任何一位出席。

了解该项目中个人成果的重要性，可以使专家获得深厚的信任，为未来的机会找准利基。在可能的情况下，我们应该寻找机会，在客户决策者面前帮助项目的关键人物提升地位。如果我们了解客户内部的组织架构，针对客户独特的汇报关系和资历差异来制定策略，合作才最为有效。专家了解了客户买方的个人目标，加倍努力来帮助客户实现目标，那这个专家就有可能在这个项目中脱颖而出。

注意预算周期

在一家大型咨询公司里，向低职级员工询问他们是否知道客户的会计年度，结果通常会让人感到失望，而向高级合伙人提问同样的问题，他们则可能会毫不犹豫地告诉你："10 月 1 日。"那些有能力的专家顾问都会努力了解客户的预算周期，这是非常有价值的。比如，在 3 月 1 日之前发送第一轮预算建议报告，客户会在 6 月 1 日之前大幅度削减总体预算，而后开始有机会做第二次项目建议提交，然后在 10 月 15 日有了最终预算。如果不了解这些程序，就不能很好地提供服务和帮助。

这就好比说，如果不知道游戏的时间规则，就将无法赢得比赛。

融入技术生态

位、字节、电缆、调制解调器等，这些技术本应是用以保障我们与客户的联系，不过，不幸的是，有时它们把我们隔离开了。我们的工作就是要搭建人与人之间的桥梁。如果我用的电脑是 Mac，客户用的都是 PC，那么怎么与他们顺畅地沟通交流就是我的责任，而不是他们的。我们必须努力融入客户的技术生态系统。用电子表格发送数据，让客户员工输入到企业系统中去，远不如直接进入他们的系统，让我们亲手操作。

在沛思公司，我们专注于协助服务型企业针对目标市场的开发业务。最近，我们在系统中集成了客户关系管理系统，这让我们能够跟踪项目进展，划定业务开发人员的责任范围，寻找改进的机会。再则，拥有一个真正将信息输入 CRM 的人，其本身就是一个附加值。把营销人员与客户的客户关系管理系统集成起来，相互之间就可以建立更深的关系，拥有更好的参与度，就可能获得更大的成功。这种形式的技术参与提高了专家的地位，因为现在他们是“客户团队的一分子”，而不再是局外人。

关注外部信息

我们无法从内部获取到所有的信息，因此，要定期从公开的新闻来源中收集信息。谷歌快讯（Google Alerts）是一种可行且高效的工具，可让你及时了解具有新闻价值的业务项目。客户公司首席信息官的离职可能透露他们正朝着信息技术集中化的方向发展，收购了一家小型科技公司可能表明客户公司要发生战略转移，收益公报有可能传达即将出现的不可预见的风险等。这些信息片段应该用来作为进一步探索和提问的基础，不必现在就下结论。

损失分析

那些权威专业服务公司的专家们说，当他们竞标失败时，通常会通过专业的损失分析（loss analysis）公司来分析竞标失败的原因。如果一个项目主管花费了三个周末的时间准备了客户的需求建议书，却没有成功拿下项目，他们就会想知道原因。我们常常会听到“我不明白，我们是最适合这个项目的人”。比如，你的报价在最低竞标价格的5%之内，且你在所有评分项目上都获得了最高分，但是，这个特别领域的项目却最终被竞争对手获得。尽管你已经与客户建立了足够好的关系，且客户项目你也可以以各种方式做得很好。

你处于一种非常有利的位置。你可以去收集有关信息，为什么你不是获得他们业务项目的人。或许其他公司在这个特别领域具有更强大的案例；或许是成本原因，客户预算紧张；或许那个特定的买方与中标公司有长期的合作关系……如果你已经在客户内部，则应该努力收集信息，这样你就更有能力赢得下一个业务项目。

防守实施

下班了，一封客户邮件在电脑屏幕上弹出，它来自一个合作时间不长的客户。雅各布正在有线体育频道（ESPN）网站上看亚利桑那州的录像视频，想知道周六举行的冈萨加篮球赛结果。汤姆则正准备把一些麋鹿汉堡放到烧烤架上。

客户的电子邮件说："我想让你第一个知道，我要离开了，去做一个新的项目，星期五是我在公司的最后一天。我将把我的同事詹妮弗介绍给你。"

我们要密切注意这些客户项目的人员切换，因为这有可能是我们与客户关系中的危险时刻。前任买方采用了我们运营的系统，获得了公司的认可，那继任者呢？通常，如果他以他的方式扩展或增强这些业务，他就能获得赞誉，这对我们也有好处。但不可避免地，也会出现另外的情况，他们看到了机会——可以做自己想做的事，比如将现有业务工作合理化，这可能意味着削减现有项目，甚至寻找新的服务提供商。

原有的关键利益相关者的离开并不重要，无论是被调动到客户内部的其他位置，或跳槽到另一家公司，或被公司解雇了。结果往往是相同的：来了一个不认识我们的新买方，我们需要立即与他建立信任关系。如果没建立信任关系，新买方可能转向她自己的信任关系，我们就可能会失去这个业务。我们不得不向新买方再次证明自己，在这种情况下，要继续往常的业务就好像处于推广模式一样，即在客户内部与新的潜在买方推广正在进行的现有业务。

当我们陷入现有买方人员切换的困境时，该怎么办?

- **亲自去见新的利益相关者**。我们匆匆赶上飞机，表达出一种诚意，我们并不认为与客户之间的现有关系是理所当然的。我们要告诉新的利益相关者：“你对我们来说，很有影响力，很重要。”新买方可能有许多服务提供商，他们可能都没有这样做，那么，这趟旅行就会使我们脱颖而出。而且，以面对面的方式，确实能加快信任的建立，这没有什么不好的。

- **更多地了解情况**。在会面之前，我们会关注与客户有关的新闻话题，向所认识的客户内部的其他人收集“深层背景”信息。在新英格兰，我们采访了一家中型咨询公司的首席运营官，他说：“我告诉我们的专家顾问要非常熟悉客户内部的利益相关者，甚至可以从分享八卦入手。”到了这样的关系，无论在哪个级别，都有助于不被挤出去。

- **询问他们的优先事项，只是倾听，不强推什么**。我们走进客户那里，脑海中有一个声音在说：“这个人不知道我们在做什么，也不知道我们做得多么好，这需要我来告诉他们。”

我们要有意识地忽略这种声音，尽管我们尚未建立起我们想要的所有信任和信誉，但还是有一些的。就算没有了，还是会存在一些惯性。错误的是我们不去观察有什么样的变化。了解前任买方离开的背景是非常重要的，如果是被解雇的，那他们的所作所为可能会给我们带来负面影响，新来的人只能以自己的认知重建利益关系。如果前任买方得到了晋升，因为与我们的合作而成为公司功臣，那我们可能有机会帮助新任买方做出更大的成就。

- **要做调整**。一个项目被接管了，没有人会说：“我要完全保持不变。”他获得了晋升，掌管了这个部门，就是说他的观念得到了公司的认可。所以他有需要，也想要，并且有机会来表达自己的观点，希望在自己掌握的事物上留下印记。我们要控制住自己，不要这样说：“嗯，前任经理不想这么做。”这么说对我们没有好处，不管你喜不喜欢，我们都有了一个新老板，我们应该努力向他的目标看齐。
- **增加价值**。毕马威前涉税业务副总裁杰夫·勒·萨奇（Jeff LeSage）提出要非常注意以下几种交接过渡的方式：

我们需要建立专家关系图，这对企业的成功至关重要。这些关键专业人员包括决策者，他们将影响公司的长期成功。无论谁成为继任者，我们都要有信心。我们所能发现的有效方法，是为这些关键人物提供前100天的工作脚本及有用的工作指导信息，确保他们在开始的100天里专注于他们应该考虑的问题，提供有助于让他们成功的建议。

尽管有标准的前100天工作脚本，但我们的团队还是会努力针对不同部门做出个性化设计。要确保让新的领导知道我们正为他们着想，努力帮助他们取得成功。在公司内部建立信任和牢固的关系，会让我们走得更远。

像杰夫一样，我们认为，为客户内部的新买方提升个人价值是非常重要的。我们可以通过PPT来概述迄今为止的项目进展，也可以提供一个平台系统，帮助讨论下一年预算。

最后，在推进发展新关系的同时，还有一些前期工作要处理，比如与旧的利益相关者继续保持联系。她已经搬到公司的另一个地方去了，或者换了一家新公司，在那里，我们也许可以开始新的业务机会。如果她还没有新的工作，我们可以在社交平台上与她建立联系，投入宝贵的时间来证明我们可以为她做得很好。我们不想放弃，要让这样的合作长久下去。

开启一条小缝

我们正确地提出了所有的问题，专心地倾听了所有的关键点，收集了所有的客户相关信息。收获了这些信息后要做什么呢？那就是给客户提供帮助服务。正如安永会计师事务所的戴夫·卢博维所说：

我们寻找行业内部和外部的发展趋势，试图了解如何利用新技术来获取更多价值或推动业务开发。然后，我们将对客户说："嘿，根据我们对贵公司的了解，我们认为你可能对此观点感兴趣。”这是与客户沟通的一种方式。严格地说，这不是推销产品，这只是开启一条小缝，以便看到更多东西。第一，“我很重视这次对你的拜访。”第二，“为了提出可能与你相关的建议，实际上我已经充分地考虑了你的业务。”第三，“你可以告诉我，是否想进行这个业务项目。我们不是向你推销，只是一起讨论讨论。”

现在正是时候，看看我们的机会开发钻石模型，开始解决难题。让我们利用所有这些知识来了解我们处于哪个模式，以及如何为客户提供帮助服务吧。

第 11 节
如何准备客户开发计划

我们有一个朋友，曾是一家战略咨询公司的高级合伙人，她所在的公司是从国际四大会计师事务所中分离出来的。她住在圣达菲的怀特罗克，她和她的丈夫都是艺术大师乔治亚·奥基夫(Georgia O'Keeffe)的忠实粉丝，她喜欢在黄昏时分画水彩画，画出色彩丰富的圣达菲的旅游景点暗黑峡谷（ Diablo Canyon ）和北美第五大河流格兰德河（ Rio Grande ）。她的业余爱好还包括教堂志愿服务，以及与三个孙子的视频聊天等，一直很忙碌。她已经不做咨询方面的工作了，但也不是太久，她还不至于会忘记客户年度预算的事。

> 每年夏天，客户都需要我们提供数据，帮助制定企业预算，反向预测工程盈利（earnings projections）。当然，预测员工人数和开支项目的计划及收入，这是很难的。

之所以很难，是因为其“答案”来自企业高层。

> 我们被要求将关键客户数量增加一定比例，比如 10%。我们的工作就是制订一个计划来实现这个目标。

2月1日，我们在一辆蓝鸟（Bluebird）小汽车上，通过电话与这位朋友交谈。她告诉我们，陶斯镇早上非常适合滑雪，因为昨天晚上山上刚下了4英寸[①]厚的新雪。她继续讲她的故事：

> 我们与接触客户的每个人进行会议沟通，客户经理们将带领我们进行一次实操演练。在演练过程中，我们将审查所做的业务项目，查看客户公司的组织结构图、服务产品线，并试图回答以下问题："新增业务项目将从何处而来？"如果客户公司很庞大，这项工作是非常艰巨的，毕竟人数如此之多。如果已经完成的业务是 1 亿美元，增加 10% 就是要增加 1 000 万美元，这可不像在草地上摘雏菊那么轻松。
>
> 协调的工作量很大。所有的咨询公司，都是按地理位置、行业和专业能力来划分组织结构的，所以会有多个部门或者人员会接触到客户。比如，我是从行业的角度为他们服务的，专注于医疗保健管理，其他人可能从客户总部所在的角度，或从定价的特定专业能力的角度，为许多客户（包括医疗保健以外的客户）服务。

对标星级客户

我们花了很多时间来加深对自己和对客户的了解，关键原因在于：我们

① 1 英寸 = 0.0254 米。

要以最强有力的、最智慧的方式对标星级客户，来评估我们所能获得客户的机会。对于每家专业服务公司和每位客户，机会开发钻石模型上都有一系列独特的机会，每个都对应着最大限度地提供帮助服务的能力。在最佳情况下，客户开发计划可以帮助我们填满整个钻石模型，推动我们以自己的工作、正确的方式来发挥创造力，指导我们朝着最大的、最佳的客户用途迈进。

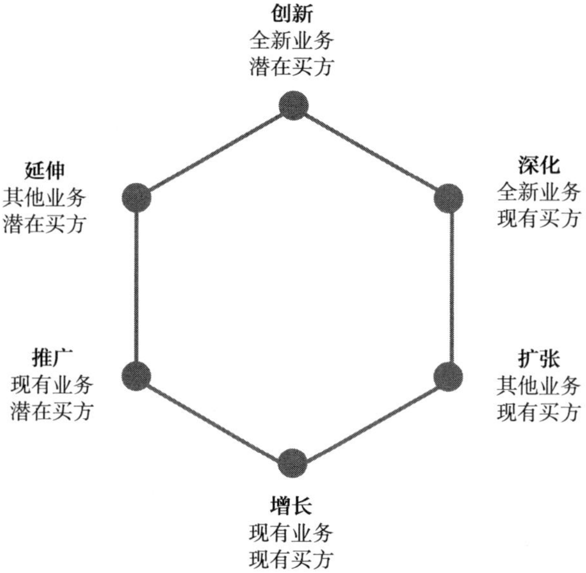

积极的、持续的客户开发计划，是当前客户关系扩展最基础的组成部分。接受我们访谈的那些专家们分享说，在考虑客户开发计划流程时会使用多种结构和策略，来实现几个关键目标：

- 我们的服务可以在哪里对标客户的特定期望结果？
- 我们有哪些信任和信誉可以帮助我们赢得这项业务？
- 我们如何与目前尚未合作过的关键买方建立关系？
- 我们如何将其他功能介绍给客户，如何用其他方式来帮助他们？

劳拉·史密斯（Laura Smith）是IBM北美技术销售和峰会计划副总裁，她介绍了她们公司是如何制订客户开发计划的，强调了从客户需求角度来看整个工作是非常重要的：

> 我们的客户开发计划从客户面临的挑战开始，然后就是应用。“好吧，在我们的投资组合中，有什么可以帮助他们应对这些挑战？”还有另一种客户开发计划，就是探讨可能性。客户的领域是什么，以我们对整个行业和客户的了解，在这里我们可以说：“你很可能没有考虑过这些方面，也许你需要考虑一下。这就是我们可以帮助你的方法——开发尚未考虑过的领域。”

在小型企业中，客户开发计划可能会很简单，比如，两名关键人员通过头脑风暴来寻找深化关系和创造价值的机会，然后制订计划来实现这些目标。这是有道理的，因为大多数小型公司的服务产品都少于5个，这样就更容易制订计划。随着企业的发展壮大，不同服务、不同专家和不同地理位置的汇总使复杂性成倍增加。扩展当前客户业务，需要进行正式的客户计划和客户关系映射的开发。

安永会计师事务所的戴夫·卢博维与我们分享了他的客户开发计划流程。这个流程有8个关键步骤，其中某些步骤要根据特定客户的规模作出调整。这个策略显然植根于对客户以及对安永会计师事务所的深入了解，是建立在现有信任和信誉的基础上的。贯穿整个过程的主题是：

1. 我们首先收集相关合作伙伴和业务开发人员的信息作为年度编制的基础。这些人可能包括咨询专家、税务专家、担保或并购（M&A）专家等，具体取决于当前与客户进行的业务。

2. 然后，在服务、地域和行业的矩阵中，寻找相互联系的机会，并将其对标客户组织结构。

3. 建立客户开发计划后，团队将投入时间、精力来提高赢得这项业务的可能性，可能包括培训、市场活动或资源开发（以巩固在特定行业或服务领域中的信誉为目的，可能包括研究、建模或引导性思想等活动）。这些投入活动通常需要企业内部团队之间的协作，以及第三方的参与。

4. 定期召开会议以及电话会议，跟上客户不断变化的形势，定期调整我们的策略。

5. 要确定所描述的开发机会是整个业务部门能为客户提供的服务。使用关系映射方法，识别定义已经建立信任的客户区域，形成一幅竞争格局态势。有时，某些高管在某些客户公司中有校友关系，因而对某家公司有很强的亲和力，在这种情况下，在低于最高领导的管理中层建立一些关系将有可能在这些人升任新职务时创造机会。

6. 基于客户信任度、服务强度和内部能力等因素，对开发机会进行排序。

7. 追寻开发机会。

8. 重复上述流程。

扩大能力范围

权威专业服务公司的专家们拥有许多优秀项目案例，可以系统地加强客户对他们专业服务能力的认识。这些优秀的项目案例中，大部分专注于**延伸模式**和**推广模式**（重点是向潜在买方介绍你曾经为其他客户成功实施过的业务），也包括**深化模式**和**创新模式**。你希望能成为客户足够强大的合作伙伴，以自己的技能为他们解决挑战性难题，让他们信任你，给你机会启动一个新项目。

在谈到开发这些新型服务时，埃森哲的克里斯·蒂默曼斯报告说：

> 在我的业务中，有大量预算需要创新处理。我们发明了最新的东西，并且认为它具有市场吸引力，我们就会把它推荐给那些我们认为一开始就有最高成功可能性的客户经理和其他客户。这就是通过学习提升自身能力，从而让自己变得更好的方法。一旦创新获得了信誉度，拥有一些应用案例，项目就只剩下最后的落地实施了。你必须将创新成果交到客户经理及其他客户手里。

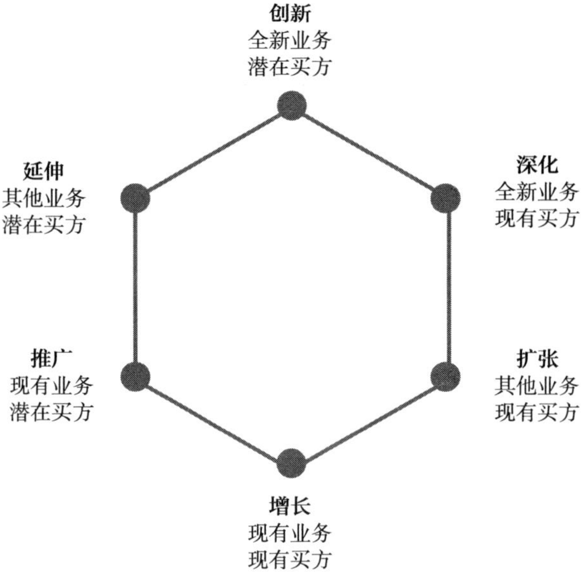

那些公司通过以下一些工作延伸它们的能力范围：

• **将辅助服务限制在他们有能力扩展的地方**。将创新扩展到业界主流的过程是一次万里长征，要一步步地向终点迈进。剑桥集团的克里斯·佛斯迪克这样说：“在非常出色地完成一项业务工作之后，我们会继续为他们做更多的工作并解决更多的问题，然后合乎逻辑地说：‘好啦，我们已经取得了很好的成果，接下来我们应该顺理成章地再做一两件什么项目，从而进一步帮助他们呢？’”

如果你为加州的中端市场律师事务所提供网络服务，成为这些律师事务所的相同客户——克利奥（Clio）的合作伙伴就很有意义。克利奥是一家备受赞誉的律师事务所项目管理软件供应商，而你有能力朝这个方向扩展。

• 你认识那些买方——他们都是首席信息官，你已经与之有过合作。

• 你因为自己的技术能力而闻名。

• 你的品牌已经可以覆盖本地区范围，在当地享有知名度。

• 你了解“律师事务所是如何与众不同”的，律师事务所非常重视冲突和隐私，你已经证明你对此具有独特的敏感性。

如果你的团队中有人认为帮大型的纽约投资银行举办战略咨询会会很有意义，你却认为这不是一个明智的选择。你知道，相似的工作并非都能产生相同的结果。有些工作总是会自然而然地从现有经验中产生，正是这样，我们应该首先寻求业务开发满意度。

• **允许有限的（或适当的）范围收缩**。随着项目的开展，客户会要求你做一些原合同中没有的工作。最佳做法是善意地稍微提醒他们，他们的要求“超出范围”了。虽然你乐于去做这些超出范围的工作，但也需要及时调整合同范围，以满足双方需求。如果你希望保留自己的权益，这必须成为一条原则。

还有一种例外情况：客户要求你做的项目所超出的范围，恰恰是你希望扩大业务范围的地方，只是你还没有很好的项目案例或还没有做出声誉。休伦咨询的马克·芬兰谈到了与客户试行这些新型业务，他说："只有在牢固的合作伙伴关系的基础上，才能发挥这些机会的最大作用。对于客户，我总是强调，这可以帮助他们达成期望成果，也是我们愿意投入的地方，并解释为什么我们是最有能力帮助他们的公司。"

- **提升客户的信誉**。引入明星式专家是一种经过了时间检验的有效方法，可以延伸公司在相邻服务领域的业务能力。类比到企业，就是并购。一家大型公共会计师事务所，也许会在其华盛顿办事处雇用一位前国税局局长；也许会收购一家科技公司，来帮助他们更好地为客户提供税务自动化解决方案。在多数情况下，在培训方面进行战略性投资，或从公司其他部门请求技术能力支持，是获得信誉的"快速通道"。

- **从提供者到合作伙伴**。我们的目标不仅仅是供应商，随着时间的推移，我们还要成为客户的合作者。在客户的预算过程中，就会产生这样的机会。客户管理最基本的是要了解客户的会计年度以及预算周期的开始时间，沛思公司有一个国际四大会计师事务所的客户，其会计年度的截止时间是秋天。对于他们来说，从春天开始为期六个月的预算流程中，总是从每一位客户的汇报开始，解释上一年的钱用来做了什么，采用哪种方式来衡量自己项目的结果，新业务项目的可能性讨论及建议。

客户都不喜欢这个过程，但是当我们提出帮助是免费的时，他们非常欢迎。每年，我们都会提供一些关于我们业务实施的幻灯片，包括定性和定量的结果，然后给出下一年头脑风暴的建议。从未碰到有客户对这种帮助说"不，谢谢"的。我们将业务项目放到了这些幻灯片中，这些幻灯片被当作对客户内部业务工作成果进行传递，这真令人感到兴奋。在预算流程的前端提供这种免费服务，是扩展业务项目的最可靠方法之一。

- **提升等级**。买方的老板通常是决策者，如果你希望客户在之前的项目上能继续购买新项目，则应该优先去对方老板那里取得信任和信誉。让自己处于最佳位置，从而在时机成熟时可以赢得延伸模式和创新模式方面的工作。

- **以其他人为中心**。成功的客户开发计划取决于业务开发文化，我们应专注于帮助别人，而不是帮助自己。科乐公司的罗伯·本森解释说：

> 我认为，客户管理可以教会人们一个事实：在一个全新的环境中销售，你必须以其他人为中心。这是首要的概念。减轻别人的压力并以客户为优先，以此为指导方针做销售，这才是正确的销售。但是，很少会有优秀又专业的销售人员能这样做。他们遇到这样的情况后，总是问别人可以为我做什么。

我们都是高水准的医生，在这里为你提供帮助。专家在进行业务项目时，应专注于发展关系，提出重大问题以及超预期地给出成果。重点应始终放在客户（或患者）的结果驱动上。在整个客户计划制订过程中，必须停下来询问："这是我们可以提供的最大帮助的方法，还是自己准备的最充分的为你提供帮助的方法？"随着时间的流逝，这种理念将给我们带来完整的渠道、可信赖的顾问身份和战略影响。

但是如何执行你的计划？现在，让我们转向成功培育客户关系中的七条行为准则。

05
第五章
深耕客户的七项准则

第12节
准则1：做好业务

在波士顿金融区的边上，比尔·格林的办公室俯瞰着现代装饰艺术街（Neo-Art Deco State Street）上的银行和信托大楼。比尔是埃森哲富有传奇色彩的前首席执行官、是一位知名的企业领导者。他为埃森哲获得目前的市场主导地位奠定了基础。

在一个多雾的秋日，我们去访问他，请教他如何扩大客户群。他靠在椅子上，非常坦率地和我们对话。

“这太难了！你一定要从此开始，是吗？”他面带笑容，继续解释道，扩大客户群的核心是做好业务：

> 对于埃森哲来说，如果我们拥有全球2 000家最大的公司作为客户，赚钱是很容易的。你无须关注所有的小企业，只需抓住那些特许

经营客户——我们称之为钻石级客户。这些客户是行业领导者，并且欣赏我们所提供的服务的价值，他们是你一生的客户。我们已经与卡特彼勒公司合作了30年，我们还有一些客户已经跟我们合作40年了，而且从来没有间断过。钻石级客户就是每年收入超过1亿美元的客户。我们年复一年地做了150个钻石级客户。

他有一个观点，在专业服务行业中，客户太多不一定是好事（很大程度上归结于专业服务不符合规模经济的特点，参见前面第8章所述）。更好的客户才是真的好。专注于一些关键客户，通过机会开发钻石模型在这些客户内部不断扩展业务，从而带来最高的回报。

格林详细阐述：

我认为，当有人说“先登陆再扩展”（land and expand）时，这个没什么意义。你想融入世界一流公司的组织，就必须尽最大的努力。我们始终将埃森哲最好的东西端给客户，这就是我们的运作方式。无论运营集团如何，地理边界如何，语言技能如何，我们绝对提供最好的服务。我们的工作就是将最好的主意带给客户，有时甚至远远先于他们。有时，在客户做某件事的两三年之前，我们的主张就已经提出了。这就是我想要表达的，将自己融入客户。

比尔认识到的东西，我们都认识到了。平庸的工作关上了进一步跟客户合作的大门，而最厉害的工作则带来了更多的服务机会。没有哪本书能够给出如何扩大客户关系的具体做法。工作是第一位的，只有将你公司最好的工作带给客户之后，你才有可能结交新朋友，接触新机会。

在3 000英里之外，斯科特·华莱士坐在博钦律师事务所的西雅图办公室里。作为公司合伙人，华莱士的项目专注于信托与财产规划。他这样说：

> 业务开发始于你的产品，我认为必须先生产出优秀的业务产品。其次，如果缺乏人际交往能力，你就会发现与他人的互动有问题。所以，如果你拥有好的产品，与同事和客户能融洽相处，那么你就能自然而然地发展业务。这里并不是说你不应该跟客户吃午餐、喝咖啡及作演讲，但是我认为，如果你努力工作，生产出高质量的业务产品，又与人相处得很好，那么在7～9年之后你的红利就会来了——你将获得客户的推荐、公司之间的推荐，以及所在专业领域里同行的推荐。

保罗·艾伦（Paul Allen）不仅是金融咨询公司恩巴克（Embark）的创始人，还创办了多家企业，他对此表示同意："一旦客户说'这是我们喜欢与之合作的公司，它们比较容易合作。公司的人才和能力对我们有很大的价值'，他们甚至还会问'你还可以做些什么'。"

品牌建设就像用一根一根的方木垒房子。房子能为我们遮风挡雨，而品牌能让我们公司的员工与当前客户内部的新买方建立长久的合作关系。

可以控制什么

做好业务，是可以让客户续签合同及扩大合同范围的原因。从工作开始，以工作结束。

亚瑟·甘斯勒（Art Gensler）是《亚瑟法则》（*Art' s Principles*）的作者。这本书的副标题为“50年，世界顶级建筑事务所从创建到成长”。他在里面写道：“开发业务是一回事，赢得附加业务则是另一回事。维护忠实客户的关键是确保你能够出色地提供服务。这是设计过程的核心部分，从开始的沟通到最终交付给客户，你需要优化每一个环节。”

在沛思公司，我们说：“交付就是卖出去。”

这当然是正确的，但并非总是如此。关于这一点，更佳的说法是，“好的工作”是必要条件，而不是充分条件。无论在客户内部进行哪种类型的工作，也无论是增长模式的工作还是扩张模式的工作，又或者是创新模式的工作，都是这样。这是机会开发钻石模型的基础，但并不是唯一起作用的条件。比如在沛思公司，我们从客户那里获得了一个项目，对方是一家咨询公司，为石油和天然气公司提供土地租赁开发咨询。这家咨询公司是喜欢跟我们合作的，但是油价大跌，它们的买方被迫削减预算，这意味着我们的客户面临着利润变低的困境。也就是说，市场因素不受我们控制，它可能会迫使我们的客户削减部分项目，即使是有效益，并且是喜欢的项目。

全球对石油的需求和商品市场的变化，我们对此无能为力，我们可以控制的只有我们能交付的工作。我们必须让自己处在最佳位置上，以便在石油价格开始回升时再次赢得这份业务。

简而言之，**我们的工作就是如何让客户每天为我们“哇”地叫好，无论你采用什么方式。**

解构“赞”

如果我们获得了客户的“赞”，就打开了客户的大门，有可能争取到更多的业务项目。这一点我们都明白，但是让客户称赞的真正含义是什么？对我们来说，这意味着我们要坚持不懈地做好以下五种级别的工作：

级别I：良好的工作。当专业服务产生了高质量的结果，兑现了他们的承诺，按时按预算地交付了项目，他们就被认为工作做得很好。接收了这个I级工作的客户，可能会这样表达："我对沛思公司感到满意。当时会议即将召开，有数千名技术专家出席，可我们不知道如何才能最好地抓住他们关注的领域。沛思公司对此进行了社会调研，在两周内就完成了工作，几乎没有出现任何问题。”

级别II：优秀的工作。“良好”是好的，“卓越”就是更好的。专业服务提供商与客户合作，表现优秀时，客户就会向其他人推荐这个提供商。假如沛思公司的工作达到了优秀，客户的表达可能就是这样：“我们当时要求沛思公司进行调查，范围是我们即将举行会议的所有计划参与者。我们给了他们两个星期的时间，但是他们在五天内就完成了。他们的专业水平、对问题复杂性的理解及对项目细节的关注，让我感到震撼。”

沃尔特·希尔描述了一种简单方法，用以了解你的团队是否正在完成优秀的工作：“试一下，让你的一个团队成员向客户索要做过的项目，用于作新的方案建议报告。如果他说‘没问题’，并在短短几分钟之内给你发来多个推荐项目名称，那你就知道了他做的工作非常优秀。”

级别III：超额的工作。在沛思公司，我们每个月都会花一些时间来表彰公司中工作出色的员工。我们会说这些人“交付了拉尼雅佩（Lagniappe）”。关于这个词，大作家马克·吐温（Mark Twain）是这么描述的：

> 我们捡到了一个超级好词——为这个值得去新奥尔良旅行一趟。这个词，最初用于店主给顾客的小礼品，是一个灵动的、表达力强、方便好用的单词——“Lagniappe”。它读作拉尼雅佩（lanny-yap），是西班牙语。第一天，我们在新奥尔良《皮卡尤恩》（*Picayune*）的专栏顶部看到了它，第二天我们听到有20个人在使用它，第三天我们就去询问它是什么意思，第四天我们就会使用了。它本身的含义很有限，人们选择这个词来表示稍稍扩展一下，相当于“面包师的一打”中的第13个面包，即是免费多给一点，为了表示分量足。该习俗起源于新奥尔良的西班牙区，据我所知，无论是孩子或佣人，甚至是市长或州长在商店买东西时，在完成交易时都会说：“给我点拉尼雅佩。”店员总是会回应，给孩子一点甘草根，给仆人便宜的雪茄或线轴。那给州长什么呢？他不知道给州长的是什么，很有可能给州长的是支持！比如，你被人敬酒，这种情况在新奥尔良时常会发生，你可能会说：“啊，又要呀？不，我不行了。”对方则说：“还是上一杯呀——拉尼雅佩。”
>
> ——马克·吐温，《密西西比河上的生活》

Lagniappe的意思是“多一点的东西”。如果我们找到一种方法，不仅可以为客户做出色的工作，还可以为他们公司提供额外的价值，那就开始踏入让人“哇”地惊叹的世界了。我们希望现有买方能告诉他们的同事：“沛思公司让我们感到震惊。除了从会议参加者那里收集调查反馈之外，他们还对内容进行了整理排序，提供了简报，让我们的专家准备好去同参会者交流。很高兴他们帮我们联系客户，帮我们做好充分准备，为我们节省了大量时间，让我们在最大的客户面前表现得非常好。”

马修·桑德曼（Matthew Sunderman）是 HBR 咨询公司（HBR Consulting）的咨询业务总裁，他认为，拉尼雅佩的长期价值远远超过任何短期的麻烦或成本：

> 我的意思是，就我个人而言，对于在我与客户之间建立良好关系以及帮我们寻求回头业务，拉尼雅佩是至关重要的。相比花费四个多小时让客户对“免费”感到高兴，去尝试一个新的业务，可能要花费100倍的时间，而且后者能让客户续签合同的可能性小得多。我想，为当前客户做出超过他们预期的工作，即使现在对公司没有直接好处，也不能为你个人带来直接好处，却还是值得的。

拉尼雅佩推动了讲故事式的推销，这种故事可以带来更多的业务。比如，客户的老板在项目交付上设定了严格的截止日期，你的团队在周末加班加点赶工，确保了按要求完成任务。这与你个人能力无关，只是证明了“我有后盾”。你只有加上这种拉尼雅佩，才能建立起信任的高山。

拉尼雅佩不必很大。可以采用一揽子解决方案的套餐，从而帮用户省下预算。比如你在提供业务服务时说：“我们很乐意帮你整理出 PPT，用在你们做项目总结讨论时以及下一步的展望上。”也可以是日常累积的一些小事或私人的事，比如推荐食谱或电影。这一点点的“超额”，可以让你走得更远。

小心超范围

拉尼雅佩可能伴随的问题是“超出范围”。这里可能存在两种状况。

陆军狙击手都知道，开火时步枪会有后坐力。在重型反冲步枪上装上望远镜，后坐力会导致望远镜滑动0.001英寸，导致“超出范围”。随着时间的推移，精度进一步降低。

我们在这里要谈论的，并不是这种状况。在我们专业服务领域，“超出范围”是指客户要求的当初的合同中未包括的额外的工作，或者要求用到的更多的资源，超出了原定的工作范围。确实，它非常像一个被调包的合同：先诱导我们签约，然后却要求做合同外的事。我们基于业务说明书，争取到了这个业务项目。我们按照业务说明书计算出我们应得的利润，完成了竞标。现在，他们改变了项目要求，想最大化地榨干我们的利润。这对他们来说当然是有好处的，但对我们来说真是太可怕了。

“超出范围”和拉尼雅佩之间的区别在于，前者是出于客户的想法，后者是出于我们的想法。这无关乎控制，只关于范围。拉尼雅佩是一种具有额外价值的小姿态，用于建立良好的信誉，我们相信这将成为客户关系发展的基础。“超出范围”则是业主的新要求，将会导致项目利润被蚕食。

级别Ⅳ：枢轴。真正的“哇”出现在超越优秀工作和超额工作中。在我们战略咨询领域，枢轴的概念为：专家们能够提出业务目标，将自己设置成项目执行中的核心，并提出对工作范围的修改，以便更好地解决执行中的问题。

比如，提供会议服务业务时，我们可能会跟客户项目主持人说："很高兴与你一起对会议参与者进行调查。我们设想创建一个热点图，用来显示调查中会议参与者感兴趣的领域，寻找与你的服务产品最匹配的点，这可能会对你们有所帮助。我们愿意去跟各个团队沟通，向他们作简要汇报，以便他们能够做最好的准备。"

哪怕这是你的第一个中标项目，这样做都有可能获得更高层次的战略支持和投入。比如，沛思公司得知客户调查项目的目标是在与会人员中发掘增长机会，我们一开始就会建议：我们主导进行面对面访谈，而不是通过电子邮件来调查。我们会解释：我们已经用这种方式帮其他客户进行过业务开发，通过深度访谈的方法，将能更全面地了解特定的客户痛点，并针对所提供的服务产品和特定客户目标，整理出对应图表。

相类似地，了解客户买方的战略意图，就是要进入到客户公司战略的最新热点里去。比如，我们在 YouTube 视频中看到，在专业年会上客户公司的首席执行官谈到在生命科学产业迅速扩张时，数字工具对生命科学公司起的作用是非常重要的。我们就提出，将预先确定的会议调查或访谈工作扩大范围，组织一个生命科学公司首席数字官圆桌会议，作为公司最大客户的分支现场活动。或者，至少可以建议在调查或访谈过程中，纳入一些更具针对性的问题。这样就反映出我们对客户公司整体优先事项的理解。

这才是真正的伙伴关系。当我们这样去做时，我们的买方就会和他们的同事说："沛思公司很棒，他们的所有工作都非常出色，准时且在预算之内。但更重要的是，我觉得他们是伙伴，他们真的可以帮助我们开展业务，并且总是能提出有用的建议。如果你需要一个团队，想了解他们的能力，并能得到你的支持，就应该与他们合作。在过去的五年中，在为我们提供会议服务的所有合作伙伴中，他们要领先一大截。”

如何获得客户的“赞”

在沛思公司，有一个加强客户满意度的流程，我们称之为SHELIE。我们的质量总监甚至在办公室的书架上放了一个小毛绒玩具熊，它的T恤上就绣着“SHELIE”。

SHELIE小熊的存在，旨在提醒我们必须采取关键步骤，确保我们争取获得客户“哇”的赞赏。

S	设定针对客户的目标（set goals）：在沛思公司，我们的目标设定过程是一系列的会议

第一次会议，实际上是进入现场前的最后一次推进会议（last pitch meeting）。客户已经同意跟我们开展业务合作，我们带来业务说明书草案，双方一起进行研究。业务说明书包括我们将要做的事情、将要花费的成本、完成工作的时间、带给项目的资源，以及用于衡量成功的标准。

我们说：“我们过一遍业务说明书吧。我们要确保能实现你的目标。在审查业务说明书时，请记住，我们的目标是让你感到满意。如果有什么方法能修改这个文稿让你眼前一亮并发出‘哇’的赞叹，那就改呀！基于总的指标，我们将制定出一系列措施。如果我们能够实施这些措施，就会让你对这种合作感到非常满意。”

请注意，在第一次会议中，我们将标准设置为“满意”。我们声称，如果客户告诉我们做什么会令他们满意，而我们就这样做，那么我们可以期望获得他们的满意。

第二次会议，就是通常所说的项目启动会议（kickoff meeting）。在这里，我们再过一遍全部项目业务说明书的最终版本，再次强调："我们的目标是，项目完成时能让你们感到满意。现在想确定，我们是否已经准确地理解了你们对我们的期望？如果我们这样做了，你们内心是否会感受到巨大的成功？"

有人可能会认为第二次会议有重复的嫌疑，但这是客户管理成功的一部分，一定要完成客户关注的焦点。

H	直击目标（hit our marks）：始终按时完成，不超出范围进行收费，努力增进相互理解。我们全力以赴，贡献出最优秀的业绩
E	对胜利充满热忱（be enthusiastic）：热忱精神关系到你能取得的成果、攀登的目标以及一步一个脚印的奋斗过程

第三次会议，也是第一次里程碑会议（first milestone meeting）。关键是，设置定期检查点，确保项目如期完成，并且保持目标始终如一，没有偏移。比如，我们帮客户组织了一场制造业首席信息官圆桌会议。我们承诺，将在90天内建立一个由25位首席信息官组成的社交团体，并至少访谈一半的参加圆桌会议的首席信息官。3个月后，我们来到客户的会议室，在巨大的落地玻璃窗前，看着楼下川流不息的人群，侃侃而谈：

> 3个月前我们聚集在一起时，我们答应要与大型制造业公司的首席信息官取得联系，邀请其中25家公司参加要举办的圆桌会议，我们做到了。现在来汇报，我们在面谈中收集来的信息，这次的客户

群体中有什么人、对你们有什么样的机会，还有在即将召开的会议上，他们可能会感兴趣的讨论主题有哪些。

在会议结束之前，我总结道："谢谢各位，我们对正在取得的进展感到非常兴奋。简单地说，我们承诺在90天内招募25位首席信息官，并且至少面谈其中一半的人，发现他们对会议议程的关心点。我们做到了。现在，根据我们的日程安排，我们将花一个星期的时间来收集大家的反馈意见，对上次会议讨论议程草案进行重新修订。"

第四次会议，又是再一次开会。只是这次会更加鼓舞人心，"非常棒！进展非常顺利，我们非常喜欢跟你们的团队一起工作。"

L	超额的工作（Lagniappe）：现在，开始寻找机会，准备在五次会议及以后给客户提供"拉尼雅佩"。比如，我们可以邀请他们坐飞机去拜访客户，向他们的老板提交项目进展简报，或者送他们一本书（在上次会议上讨论过关于业务开发的书）

如果发现我们在跟客户斤斤计较时（比如，在每小时700美元的律师账单下面夹进了最常见的复印费用），请务必问自己："我们为什么要这样做？难道要为了得到一棵树而失去整片森林吗？"

I	开始反馈（initiate feedback）：现在，项目进入收尾阶段。到了要对上一次会议作反馈的时候了，看看项目是否进展顺利。我们会说："当这个项目启动时，我们的目标是使你们满意。我们反复斟酌并精心制订了计划，相信能够实现目标。6个月过去了，项目完成交付，我们超额达到了你们要求的所有指标。但我们知道，我们的计划不总是完美的，你们对这个项目感到满意吗？现在我们要总结些什么，以便让这个项目继续下去，或再合作一个新项目？"

E	加强对话（elevate the conversation）：在这次总结会议的最后阶段，我们主导了一场相关策略的头脑风暴。我们说："我们一直在关注，你们在过去几个月中提到了一些很棒的事情。比如，你们说想要有一种方法可以在面对面的首席信息官面谈及圆桌会议讨论中，跟踪所有可能出现的机会，帮助销售团队利用这些互动的结果。我们一直在进行这方面的工作，现在我们想与你们分享一下我们为别的客户开发的仪表板技术产品，看看你们能不能用，希望能够对你们有帮助。"现在是冒险跨越机会钻石模型的重要时刻，但要在提供战略建议的背景下这样做。销售教练兼销售培训师斯蒂芬·希夫曼（Stephan Schiffman）写道："我们不能假定客户的计划或思维能围绕我们的思路进行。我们得做必要的工作，辨识客户决策者最初的、最重要的想法。只有明确站在决策者的角度、面对环境以及关注的目标，从努力留住客户或提升客户的角度出发，才是我们该有的计划或思维。"

指标

有些咨询业务本身就有具体的困难和目标，因而能明确地勾勒出任务指标。比如，削减成本是一项特定且可衡量的目标，往往是合作双方都能理解并能努力去实现的，如果你能在两年内将客户的营销支出减少1亿美元，那将是一次真正的成功。因此，在项目执行时，目标设定的第一步相对容易。

但有些项目本身比较模糊，需要专家以清晰的语言清楚地描述出任务目标。在创新或市场营销的咨询项目中，目标很难单独被量化。此时，就需要专家顾问们去努力尝试。比如这样的提问方式："当完成这个项目时，会获得什么样的成功？""如果我们做好了这个项目，其他人会怎么评价我们这个部门？”这里，要帮助专家和买方，组织出一种语言以便能够清楚地描述所设想的目标。

搞砸项目的简单方法

“他们的工作质量糟透了，至少比原定计划推迟了 6 个月，并且超出了预算的 50%。”沛思公司的技术总监安迪·韦斯（Andy Weas）说，他是我们技术领域业务的主管。

安迪很沮丧，他来自全球领先的 IT 咨询公司博克软件（Perficient），在代表客户监理 IT 项目实施方面有着丰富的经验。现在，在沛思公司，他第一次作为项目的客户方。他与管理总监约翰（John）一起，负责了我们公司内部 Salesforce 的采购和安装项目。他们走访了十几家 IT 项目集成公司，在每家公司都花费了好几个小时，用精确的语言描述了我们公司的需求和特殊目标，便于让潜在供应商能够很容易地吸收和消化。他们确定了项目的工作范围，收集了报价。总体而言，他们制订的采购计划完美无瑕。

几个月以来，安迪一直把我们现有的数据传给承包商，并在项目节点上给承包商提供反馈，还热切地培训公司内部使用者，并为管理团队编写更新报告。

到了 8 月，安迪把最新进展汇报给管理团队，并表示：“我相信我们会在 9 月的第一个星期上线。”约翰点头表示同意。

然而，项目出现了延迟。

在 9 月初的一次项目进度汇报中，安迪告诉管理团队：“承包商在尝试整合我们的几个极端案例时，遇到了意想不到的挑战。”

听起来，安迪和约翰仍然充满信心，而且重要的是，我们仍然可以感觉到他们对项目可以掌控的信心保障。根据在博克软件的反馈，安迪向管理层重申：“项目还是正常的，只是有点小麻烦。”

然而，从 9 月初到中旬再到 10 月 15 日，公司领导层开始置疑了，雅各布向安迪发问：“一切还好吗？你认为我们什么时候才能完成并启用？”

对话中，安迪开始有点脸色发白，他知道自己做过的保证正陷入泥泞。他担心，随着一次次地保证“我们接近完成”，老板对自己的信任正在削弱。但是他和约翰能做什么呢？安迪回忆道：“我每隔一天都打电话给他们，他们不断地说，他们还有一件事情要解决，会完成的。”

到了万圣节前后，承包商向安迪和约翰发送了一封电子邮件，说由于项目出乎意料的复杂，他们的最初报价不足以完成这项工作。在这个节骨眼上，安迪无奈地以“开发人员”的身份进入，推动项目前进，以实现承包商无法交付的预期结果。

“简直不敢相信，”约翰说，“我们跟他们在一起，浪费了一个又一个小时，告诉他们复杂性在哪里。”预期成本的超支弄清楚后，约翰与承包商公司的首席运营官联系并达成了新的协议，然后向管理层提交了报告。他表示，费用会超出预算，但还是在控制之中的。约翰说：“在他们的现在要价与原始出价之间，我折中了一下。我强烈表达了他们需要以某种方式对自己的错误出价承担责任。他们告诉我说要晚过感恩节了，我告诉他们这一周是个好时机，因为很多人将休假，对系统的需求将降低。”

现在，约翰陷入泥潭了，他作为主管和谈判代表的信誉度岌岌可危。约翰跟他的同僚管理总监说：“我算是领教了。”

任何做过软件集成的人，都知道这个故事的发展走向了。到了12月12日，Salesforce项目仍然没有启动运行，我们开始对自己说："如果这个项目到了新年能够完成，我们也认了。"

过度承诺和交付不足，就别想再从客户那里获得新业务了！

想一想，如果我们都能在短时间内把我们的会议记录在Salesforce中（一季度），这个项目将顺利完成。确实，这个项目很有可能成为集成系统人员曾经做过的同类项目中最好的工作，承包商甚至会获得奖励，因为他们智慧地解决了问题。

但是，沛思公司将永远不会再雇用这个承包商了。我们应该认识到，他们没有实现承诺，他们的信誉降为零了。另外，他们也没有与买方安迪和约翰进行沟通，从而无法让利益相关者建立对该项目的信心。他们愚弄了我们整个团队，当意识到这一点时，我们的信任就像雨滴落在炎热的高速公路上一样，蒸发了。

沛思公司最近的一个项目经验就完全相反。创意广告公司（AD Creative）是一家品牌与创意设计企业，沛思公司与之合作将我们的视觉创意变成现实。我们需要将一本书中的某些概念，用绘制图形的方式进行解说。项目的期限很紧（一周），反映我们设想的草图也非常粗糙。我们询问，我们的要求是否可行。几分钟之内我们就得到了回应，我们与他们的设计师联系了。让我们震惊的是，设计师无法完全理解我们的手绘图案，于是就安排了时间来讨论具体细节，以便确定是否可以交付我们需要的产品。在最初提出要求的四天内，创意广告公司向我们发送了许多与现有沛思公司品牌相匹配的新图形，以便于清晰地表达我们所寻找的概念。创意广告公司甚至增加了一些其他示例，他们认为对于我们最初的询问，这些可能也是很有用的，他们知道如何让客户“哇”。

一家公司将优选级定位于优秀的工作和交付，这就是成功的最简单的方法。精品创意设计公司（Seven 2）的莎拉·克利福德（Sarah Clifford）说：

> 我已经意识到，所有客户都希望我是完全透明的——时间表、预算、创意和有效的范围，客户和我之间有足够的信任。许多代理商都会说：“是的，我们可以完成这个项目。”结果却给出了一个很糟糕的产品，然后要求修改，并反复多次，最后客户对我们说：“对不起，我们没有一开始就来找你们。”而当我们开始工作时，会研究整个项目，研究我们的资源、能力，然后才回答可以或不行，或者说可以，但是有附加说明。我认为这个过程对客户关系的建立，会产生极大的影响。

想象一下，沛思公司当时选择的Salesforce实施公司，如果以同样的专业水平推进该项目，交付工作不仅能达到我们的期望，甚至能超出我们的期望，我们能在几个月前就实施完成Salesforce，或者至少有一个更实际的时间表，可以更好地进行内部项目培训和数据导入。安迪和约翰在月度会议时向领导汇报，对供应商表示赞赏，并鼓励让它成为合作伙伴。“我们将与该公司合作，进行**增长**模式的Salesforce业务开发，满足我们系统内部其他部门的需求。往后，当我们需要**扩展**技术能力时，可以首先寻求该供应商作为合作伙伴，了解它是否可以帮助我们完成其他类型的业务工作。如果不行，我们的目光再投向其他供应商，在机会开发钻石模型上寻找其他切入点，来开启新的项目。”

做好业务的关键要素

听起来很简单，对吧？不就是做好业务嘛！有很多事情从一开始就要设身处地地设计，确保我们的成果能让自己有成就感，并让客户对我们刮目相看。

强交付

在寻求开发新项目时，专家往往会倾其所有资源，就像一个独立的经营者，客户能非常简单地预期到随后的执行情况。但如果你拿下了业务，随后要转交给其他更初级的同事来执行，情况就会变得复杂。其实，这也就是专业服务中的赚钱方式及盈利所在。我们不能把组织推得太低，否则执行团队会令客户失望。在给客户提供“最好、最昂贵的团队”和“次等级团队”之间，应该有一条清晰的界限。

马克·芬兰（Mark Finlan）是全球领先的战略咨询公司贝恩资本（Bain）的前负责人。马克回忆起过去的一个项目，说那时所遇到的风险可能会导致他失去未来的工作：

> 当时，我们进行了一个大型的组织转型项目，与客户的合作金额达数百万美元。也有许多其他项目在讨论，包括一项艰巨的任务——他们希望将企业资源计划系统迁移到云中。我之前帮助他们扩展了一个非常小的项目，与我们的其他业务领域进行交叉销售，但是客户说这个项目的分析师的业务表现不佳。由于这是个IT相关业务，这样一来，对与我们进行其他项目的合作不利，客户对此表达了担忧。

无论项目的规模如何，工作质量都很重要，每一次都是如此。

合适的期望设定

做好业务工作始于项目开始阶段的工作范围设定，此时，专家需要设定合适的期望值。思爱普（SAP Sucess Factors）的首席销售官斯蒂芬·斯皮尔斯（Stephen Spears）说：

> 按你的承诺交付，不要啥都想卖。我认为，这应该是整个业务的关键要素——知道你不能卖出什么。销售限定在某个范围内，要确保两件事：第一，你能做成功；第二，你要避开什么。我妻子有一句话说得很有道理，当你想去某个地方旅行度假时，你总是会避开那些你不太想去的地方，因为那里总是会让你想快点离开。可以这么说，业务开发就是又一次出发。在我的职业生涯中，我曾与一些出色的软件专业人员合作过，他们可以准确地做到这一点。

在沛思公司，我们将同类买方合并到同级讨论小组中。通常，客户要求这样做的原因有三个：第一是想建立自己的品牌；第二是希望获得市场了解，以便提供更好的精准服务；第三也是最重要的，希望在目标公司中建立高管人际关系，并以此来确定他们的业务范围。我们称其为品牌意识、市场了解和开发关系，我们相信这三个要素可以帮助他们系统地争取新业务。

在界定项目范围时，我们会要求客户确定以上三个目标中哪一个才是驱动他们做项目的根本原因。如果是三个目标的组合，我们会问他们如何定义未来12个月应达到的“成功”。20年的实践经验告诉我们，客户可能会说：“我们都是关于品牌和市场洞察力的，我们并不想做推销。”但是一年之后，可能就会有变化了，说：“我的老板骂了我，她问这个项目的投资回报率在哪里。”

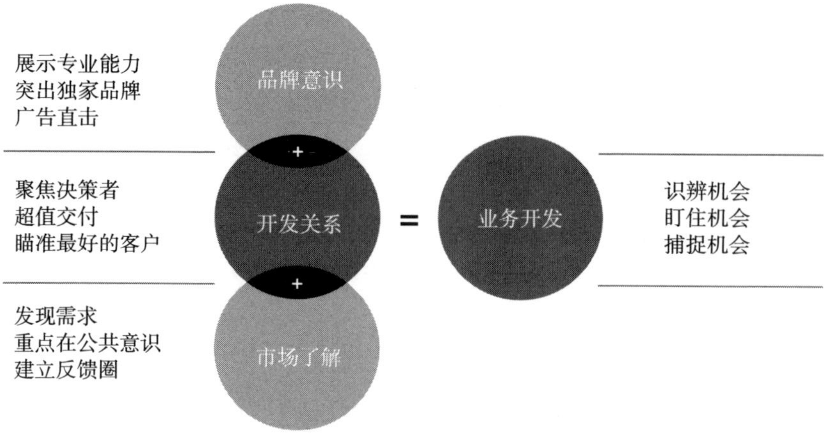

这里，我们遇到一个艰巨的目标，开始时大家似乎都有意回避。我们发现，虽然我们的客户将与这些同行的交流视为一个机会，以建立自己的品牌以及了解客户紧迫问题，但不可避免的是，到了年底会有人问起投资回报率。因此，从一开始就要仔细衡量出现的业务开发机会。在确定项目目标范围之后，准备应对投资回报问题，无论是三个月还是三年，它总会出现的。

在专业服务中，撰写出色的案例是很难的，特别是如果没有可明确设定的目标，就不能向潜在的新买方写出清晰的报告。再加上我们常常无法获得客户的数据进行案例分析，这就更难了。

举例来说，一家拥有多元化和包容性（D & I）人力资源的公司成功地获得了一个化学集团的服务项目——在七所大学的毕业生招聘会上招聘平均水平以上的化学专业学生。这个项目范围规定，人力资源公司将努力吸引少量学生的兴趣，收集个人信息，然后将其转发给化学集团公司聘用的招聘公司。一年后，在总结检查时发现，D & I公司共推荐了 523 个学生。但是，当要续签合同时，他们的项目经理告诉他们："我们的首席人力资源官提出了问题，大学招聘会项目跟社交媒体广告相比，哪种效果更好？她想知道有多少新员工的招聘是来自这个项目。" 这个质疑很公平，只是你没有数据，也没有把它包含在项目最初的测量标准之中。

要设置一个底线：将项目测量指标纳入项目工作清单中。这样，当另一个部门的新买方提出指向性异议时，才不会对你造成困扰。

杀手级研究案例

研究案例是专家扩展自己信誉的一种方式。我们非常了解买方，买方信任我们。他们在自己的信念中，坚定地认为我们能够“做正确的事”，就像斯派克·李（Spike Lee）的电影《为所应为》（*Do the Right Thing*），即使并没有人真的在看着我们。

但是，客户所不知道的是，我们是否可以承担一项新的任务，这项任务与客户对我们的了解是有一段距离的。我们拥有他们的信任，但并不能扩大这种信任用来做推广模式的机会开发，像为现有买方服务一样，以相同的业务服务于客户其他部门的潜在买方。同样，在现有买方面前，我们也没有能做其他专业服务的信誉，不能帮助当前客户扩张他们的业务范围。

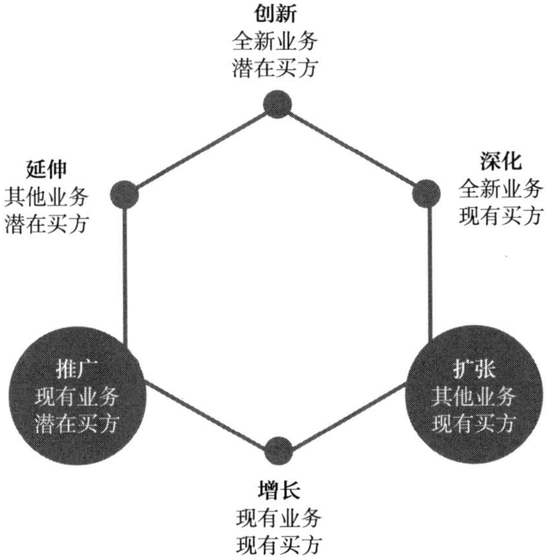

我们需要研究案例。一个优秀的研究案例能够解释如何成功地完成并征服具有挑战性的任务，可以赢得业务项目，不管是客户内部其他买方（推广模式），还是完全不同的买方（扩张模式）。

一个优秀的研究案例包含以下五个关键要素：

1. 看上去就是你要推介的项目。在沛思公司，我们从过去的项目中，挑选跟现在要服务的客户最相似的。客户规模、项目范围、客户地理位置及要解决的任务，越接近越好。不论提供了多少次研究案例，包括最大和最知名的客户，买方却只是说："你有没有一个案例，客户规模比我们更大的？"当我们与当前买方讨论潜在项目时，这一点尤为重要。我们了解他们，研究案例证明了我们可以与他们共享信息。

2. 指出已解决的问题。这里是有一种技巧的，你希望将之前为客户解决困难的方案，用来解决现有客户的挑战。有时候你直接有很多类似案例可用，这就会容易得多。比如，当你希望扩大与客户的合作时，你可能会说："你有兴趣在加拿大大型零售银行中建立一个金融服务首席信息官社交社区吗？在美国，我们已为两家金融服务科技公司提供了这类项目。"

但是，更多的时候，我们必须重新架构。

比如，上述那个客户，他们营销预算中的一大部分都投入到大型会议和晚宴上，目标是吸引加拿大大型零售银行的首席信息官。我们曾帮助这个客户在美国成功举办过几次类似的活动。现在我们向他们展示了建立网上虚拟聚会的案例，这是我们为一家美国技术咨询公司提供过的项目，帮他们建立与客户首席信息官之间的联系。这个群体往往工作过于繁忙，很难有时间长途旅行亲自参加会议。通过网络远程交流，我们帮助客户在一年中保持了与100多个首席信息官的定期联系，并促成了论坛中三个首席信息官的6 000万美元的新业务项目。

3. 包括要克服的挑战。如果我们写一个案例，简单地喊口号“征服！征服！征服！”之类的，就好像我们正跟随朱利叶斯·恺撒大帝（Julius Caesar），大踏步征服高卢地区（Gaul）一样，其给客户的印象，从好一点来说是油腔滑调，从坏一点来说是幼稚。比较好的做法，是列出该项目的困难程度，使之看起来不仅更加现实，而且更加可信，这就有机会将潜在买方的痛点从他人口中讲出来，让潜在客户得出结论：你不仅已经做过这项工作，而且面对过与他们同样的压力。

比如，我们可能会提出一个研究案例，其中客户正处于其领导的压力之下，要求迅速“摆脱危险”，而我们在 80 天之内交付了一个行业执行官社区，比正常启动新社区的时间缩短了 10 天。

客户可能专注于其行业或买方的独特性，比如，他们做的是医疗保健咨询行业，针对首席医疗官做销售。在这种情况下，我们分享的研究案例，应该展示我们曾经召集过这种类型高管人员的会议，以及在这个行业成功地工作过的经验。

如果客户担心预算，我们就推荐一个参考案例。该案例将付款分散在两个会计年度中，可以帮助客户解决预算约束。我们还可以推荐一个案例：我们曾帮助客户通过第三方高管圆桌会议，获得了 200 万美元的新业务项目，从而将项目最初的投入预算扩展到 20 倍以上。

如果客户对投入新的战略项目比较犹豫，我们可能会分享一个同类规模企业的研究案例。这个案例的亮点在于发起人一年后的净收益。我们还可以分享另一个项目。在这个项目中，我们花费时间分别面见了十几个项目的利益相关者，收集他们在这个战略项目上的投入与产出，这些远超出客户的期望值。

研究案例可以展示过去在其他客户或项目中我们如何成功地解决了类似的问题，还可以用来解决显而易见而又没人愿意讨论的问题。

4. 引用别人的称赞作背书。利用别人之口给你作背书，既能表现别人对你的赞同，又能体现你的专业服务所提供的利益。

弱一点的说法："沛思公司是一个有能力、且值得信赖的业务开发合作伙伴。"

强一点的说法："我们是最大的专业服务公司之一，作为总经理和项目主管，我的首要任务是尽可能多地为众多客户提供高战略价值。沛思公司使我的工作变得轻松，它让我与客户保持亲密关系，帮助我发现机会，创造出有趣的、有黏性的伙伴交流，保持客户不流失。"

5. 包含投资回报表述。买方是希望有投资回报率的，特别是如果所提供的服务专注于增加收入或降低成本。客户的老板会询问投资回报率问题，作为专家，我们需要给买方一个可靠的答案。引用案例中关于投资回报的表述，可能是特别有效的，比如：

> 客户利用沛思公司建立了高级管理人员社区，从而帮助客户提高市场知名度，在首席执行官及其他高管中建立起客户品牌。在一个特定的市场中，基于沛思公司参与的首席执行官成员的公司合作业务获得增长，计算出投资回报率达到250%。

开发客户更多合作项目的基础，是你的服务获得客户的赞赏。记录下所作所为，展现该项服务如何成为一种特别有效的战略投入。波士顿咨询集团的蒂埃里·查桑将这种经验定义为"在类似情况下已经解决了五六次同类型问题"，而不是用这些经验去创建一个"千篇一律"的解决方案。该经验用来了解当前客户与其他客户的相似之处，但在某些重要方面又有所不同。他认为，这正是通往"定制化解决方案"的道路，这才是真正的价值所在。

做好业务，就是要获得客户的赞赏，拼尽全力一搏做更多的工作。几乎每位业内权威专家，在与我们交谈时都同意这一基本观点。这是扩展业务合作的绝对和必要条件。但是，权威专家还有很多事情要做。接下来要讲述的，是他们如何制定适当的激励措施并落实到位。

第13节
准则2：做好朋友

雅各布最喜欢的客户关系衡量标准之一，他将之称为“冰箱使用权利”。雅各布有一个儿时的密友，名叫里格斯（Riggs），现在住在纽约市，他在那里经营房地产业务。雅各布和里格斯都认识彼此的家人、同事，尽管现在他们的居住地相距较远，但友谊丝毫未减。这次，雅各布到纽约拜访一个客户，就来到纽约西区的里格斯家里吃晚饭。聊了聊近来双方的业务与家庭生活，雅各布就直接走到里格斯的冰箱前，拿起他最喜欢的新英格兰啤酒（New England IPA）和乐活橙汁汽水（La Croix）。这就是“冰箱使用权利”。这是依靠时间积累而获得的权利。

我们喜欢设定一个目标，与客户建立“冰箱使用权利”的关系。倒不是说我们真的需要走进他们的厨房，自己动手从冰箱拿一罐可乐。显然，这是一个很高的标准，多半不合适。我们想说的是，以这种心态来处理客户关系，这就要求我们对关系进行投资，以人为本，关心他们——记得他们刚刚买了新房，他们的女儿即将参加成人礼，当他们得知老板对这个项目真的很满意时，应该送上一瓶他们最喜欢的智利玫瑰红葡萄酒。

福特·哈丁在《交叉销售成功》一书中，引用了戴蒙德克拉斯特（Diamond

Cluster）国际咨询公司的创始人兼合伙人迈克·帕尔默（Mike Palmer）的话：“这有点像养育孩子，你与客户相处，既需要花有品质的时间，也需要花大量的时间。”

实际上这并不难，这只是一个选择：**要么视客户为讨厌的人，使工作变得更加难，要么将他们视为朋友——美丽的、陌生的又有趣的人，跟我们自己一样。**

做同事的好朋友

做好朋友的努力不应该只留给你的客户，还要留给团队内部及公司内部的其他人员，这应该成为你每天开始的一项活动。众所周知，做好业务很少是一个人努力的结果，更多的是依靠一个技能娴熟的团队。如果不能首先做同事的好朋友，就无法期望将最好的东西带进项目中。

这听起来没那么复杂，但是有许多操作规则要遵守，这并不比跟潜在新买方建立关系更简单。对于大多数专家而言，投资同事关系属于重要事项，但并非紧急事项。比如，某天，你所在的高速公路项目管理团队与客户得克萨斯州交通运输部之间意外地出现了误解，让你疲于应付，内心非常不愿意，你当时正好要去大厅另一头找其他部门的同事，看看她对新项目有什么意见。因此，跟公司内部其他人熟识是至关重要的。毫无疑问，最终，你还是有必要或需要给你的客户引进公司内部其他人员。权威专家对我们说，**如果不先花半天时间与公司内部主要参与者见面，就绝不到项目现场去**。在去找客户或推销的路上，被公司内部参与者打扰，会出现麻烦——毕竟这是你不可预知的。

哥伦比亚大学商学院教授丽塔·麦克格拉斯（Rita McGrath）说，这是很困难的事，她解释：

> 专家顾问及专业服务人员总是很忙，但是现在客户的期望是每天24小时提供服务，即刻反馈，有问必答。正因为如此，公司内部人员之间建立内部关系所需的耐心，在慢慢地被消磨。人们一起工作的时间更少了，或者人们之间可用的交流方式也不足够多。仅仅通过技术手段维持人们之间的互动沟通，就很容易出错、引起误解，导致出现问题。有研究表明，如果人们不是亲身互动，只是通过媒介技术，往往会变得小心眼、吝啬，言论往往会变得刻薄，更易于具有批评性。不能与活生生的人接触，会变得很糟糕。因此，我认为，这种忙碌的工作确实阻碍了企业内部同事关系的建立。

你需要花费时间去真正地了解自己，目标有两个：一是了解你公司的全部能力；二是了解你的同事是否足够好，能不能相信他们一定从你的最佳利益出发，因为你要将他们引荐给你最好的客户。

无疑，要了解你的同事就得审视他们。安永会计师事务所的戴夫·卢波（Dave Lubowe）说：

> 如果需要把同事介绍给我的客户，那么在把他们引荐给我的客户之前，我首先要跟他们谈谈。我觉得我有责任对我的客户说："我与这些同事谈过了，他们是有能力的，我期待听听你跟他们交流后的意见。"我这样做了，就是我个人对公司的工作承担起整个责任。

博钦律师事务所的斯科特·华莱士说，你知道，当你可以毫不犹豫地推荐某个人时，就已经成功地扩展了公司内部的信任和信誉。“我接到的客户电话，总是关于这样类似的事务——‘我需要你帮我看看房地产合同’。虽然我的专长是房地产规划，但我说‘好的’，然后将其发送给我们的一位房地产律师。这就是我们博钦典型的工作方式，我对同事们充满信心，我不用再次去沟通，就直接把工作发送给他们。”

永远未曾离开麦肯锡

许多专业服务公司将其曾经的雇员视为自己人，以作为新业务或附加业务的来源。麦肯锡在这方面是很有名的，据说一旦某人在麦肯锡工作过（即使只是暑期实习），“他将永远是麦肯锡人”。

博钦的斯科特·华莱士也说：“每年圣诞节晚会，我们都会邀请曾经的雇员参加。我们一起聚餐，邀请他们参加活动。只要他们愿意，甚至可以参加公司的务虚会议。”

这两家公司都在这些社交网络上倾其所有，扩大雇员对企业的信任，培养出“信任圈”。正如作家亚瑟·甘斯勒所写的：“投资信任，永远值得去做。”

麦肯锡和博钦都知道，雇员网络是一种强有力的途径，为你最想服务的人增加价值，一旦他们有服务需求，就会想到你而不是别人。

做客户的好朋友

沛思公司的副总监爱丽丝·巴克利（Alice Buckley），领导了我们在波士顿咨询集团的一个项目。只要有机会，爱丽丝就会飞去波士顿跟客户会面，他们会花时间陪客户去逛商店，这也是了解客户的好机会——他是如何订购马提尼酒，对洛基山脉（Rocky Mountains）的热爱，以及他 16 岁女儿生日计划的最新动态等。做好朋友意味着跟进工作的同时也要跟进人。这意味着要花时间上谷歌（Google）订购送给客户儿子的合适的成人礼礼物（礼物的价格得是 18 美元的倍数，这也是从我的同事那里学来的），如果你的客户失去了亲近的人，你不仅要礼数周到，送去悼念卡，还要向他表示项目上的事可以缓缓，尽力做些什么减轻他的负担。简而言之，**像对待朋友一样对待客户**。

扩大朋友圈

只要有机会，我们就会与客户及他们的同事出去逛街。我们在沛思公司的大部分工作都是远程的，但客户常常会要求我们代表他们出席峰会，面对面推动最佳项目圆桌会议。我们在这项工作上的优势是可以尽量减少费用。我们喜欢在全国范围内飞来飞去的感觉，在一些没有接触过的组织面前展现我们的工作，与他们会面，更好地建立个人关系。这样的机会就像在人工养殖的池塘里钓鱼一样。爱丽丝说："我们就在他们的会议室里，这个事实表明客户已经认同了我们的工作，消除了人们与供应商接触时的恐惧感，我们是安全的，我们已通过了他们的审查。"这确实是我们在整个组织中扩大信任的最好方法。

“而且每当我们达到一个里程碑时，我总是会去准备一些吃的喝的，”爱丽丝说，“在现场活动中，每个人都被调动起来，穿着得体的衣服，提供最优质的体验。结束时，每个人都可以喝一杯。”爱丽丝不仅会为客户购买庆功酒，而且还确保他们邀请朋友和同事时都能来喝一杯。“这是我的目标，也有助于让聚会变得成功。为我们出色圆满的工作干杯。”与客户共享美好时光之后，我试着坐在一个陌生人旁边，看看我能学到什么。

人类是社交的动物，社交互动是建立信任的主要方式。在熟人身边才令人放心，这能使我们，特别是我们的客户，更加充分地扩展自己。不能让他们独处，困在小隔间里，远离朋友和同事。我们不能忘了，同事是好伙伴，能让社交互动更有趣，并帮助我们获得成功。

当你考虑要发展自己的朋友圈时，有些习惯可能是有所帮助的。

抬起头来

低头推磨，抬头看路。作为公司内部的专家，当你有机会出席各种企业活动时，你的任务就是结交朋友。这说起来可能很简单。

比如，在酒店吧厅，你碰到一个40岁出头的人，一边喝着时代啤酒（Stella Artois），一边在手机上查看电子邮件。从他的胸牌上，你看出他与你在参加同一个会议。你可能会说：“不确定我们是否见过面，我正在与蒂姆·奥布莱恩（Tim O’Brien）合作一个安全项目。你在嘉和集团（Ultra）负责哪个方面的工作？”

然后，你甩出一串套路问题：“你是在涉税部门工作吗？那是很艰巨的工作吧？你涉及多少个税务管辖区？你们的合规自动化是否已经广泛推广，或者尚处于起步阶段？最近对嘉和集团的减税力度有多大？”

很快，你的机会就来了，他可能会说：“我负责职业安全与健康标准

（OSHA）方面，以前担任过五年机构的总顾问。我认识所有部门和机构的网络支持人员（GC）。如果你需要我把你介绍给国家税务总局（IRS）的网络支持人员，跟我讲就行。”

你对话的目的并不是要求他把你介绍给谁或推荐新工作给你，相反，对话到最后是以你要提供帮助服务来结束的。这一套结交模式，会让你的新朋友对你印象深刻。

《交叉销售成功》的作者福特·哈丁写道，我们应该寻找那些“连接者”——那些人在做介绍时，表现得非常自然。

> 罗伯特·E.诺兰公司（Robert E. Nolan & Company）的丹尼斯·沙利文（Dennis Sullivan）设计了一个专业术语“桥梁”，用于描述这样一群人——他们在客户的不同部门工作，可以把你介绍给不同垂直业务部门的人。你在客户公司里的正式联系人最有可能成为“桥梁”，此外，任何有政治头脑、有影响力并且在专业服务公司工作的人，只要乐于帮助你发展新业务，就可以被视为“桥梁”。

友好且好奇

表现友善是最重要的技能之一，是在我们与客户的合作中应该具有的，这话听起来有些老生常谈，或者不严谨了。我们在与客户互动时，会尽量抛开心事投入其中。无论他们是否参加我们的项目，都要努力结交新朋友。权威专家认为，他们在客户组织中遇到的每个人，都是潜在的买方或者至少是影响者，无论他们处于公司层次结构中的哪里。正如爱丽丝所说：“我们在一场漫长的竞赛中，机会就在于，在客户方协助项目的人员中，就有可能有人是我们未来的项目经理。如果这些人得到晋升或调动到别的部门，我们希望他们说‘我曾经与沛思公司合作过，他们很棒，我应该把他们带到这里来。’”

每当我们去见客户，乘上电梯，我们都会大声说：“很高兴见到你，很高兴来到这里。”这让我们精神焕发。我们为客户带来了充满活力的气氛，他们也会欣赏的。另外，我们要多提问，我很赞同迈克尔·麦克劳克林的看法，他写道：“提问的质量是证明自己能力的一种方式。”

外汇交易公司的比尔·伯奇把提问作为调查访问的另一步骤。他说：“我从我的团队那里听到，‘嘿，我们得看看这些数字，现在没有人花钱了’。”我说：“哦，你的意思是说，有一家公司以前每年花费5亿美元，现在他们的花费突然降为零了？我认为问题并非如此，问题是我们的公司及产品不够重要了，他们以前用在我们身上的钱，现在不得不削减为零了。我们要做的，就是走进他们内部，找出对他们来说足够重要的东西。”由此，我们建立了客户资料调查，帮助我们跟客户保持一致的目标。我们在做客户计划时，会提出十几个问题。

比如，面对一位客户首席执行官，我会告诉我的团队，要提问：“你今年的5个目标是什么？你的主要目标是什么？公司的战略是什么？它对你意味着什么？”我们必须走进其中，深入地了解这些问题的答案，而不能只是在午餐时说：“嘿，你的策略是什么？”如果他们这样提问，那么首席执行官多半不会说真话。

现在，你明白了。我们向别人提出的问题，传达出我们对他们感兴趣的东西——他们的目标、挑战及需求。当我们表达出对他人的兴趣时，就自然会有本能的回应。如果我们提出很好的问题，就会有这样的回应：“我很喜欢雅各布和汤姆，他们看起来很精明。”

记住谁是主角

新晋专家往往对自己的所作所为很自负，资深专家则会嘲笑这种天真。“这始终是客户的主意，”雅各布说，“如果我们做得好，我会在客户与我的沟通中发现很好的想法。他们可能不记得这是我说过的，但他们会说类似的‘我发现跟雅各布的合作很好’。你要寻找的东西是这个，不是自负。”请记住，你的客户有两个利益：他们公司的集体利益，以及他们自己的个人和专业利益。

令人遗憾的是，我们最近目睹了一场智力游戏，一方是知识产权代理律师，另一方是他的客户——一家物流公司的助理总顾问。律师似乎正凭借其更高深的专业知识，努力建立对客户的支配地位。你的专业知识是否深厚到拿得出手是一回事，但是玩像这样的征服游戏是愚蠢的。**我们的任务应该是让我们的客户名扬世界，就是如此。**

与正常预期相反，要称赞我们的客户，而不是吹嘘自己的才能，我们会得到更快的合作进展。在这里，滔滔不绝地夸耀自己的成功是不合适的，没人愿意与自吹自擂的人为伍。我们绝对不会这样说：“沛思公司的团队为各种高级管理人员创建了便利的分组讨论社区，极大地改善了客户的活动体验。”这话听起来，我们才是主角，也许在我们加入之前，客户团队不是很聪明，没有真正考虑过与会者的体验。

最好的说法是：“与杰米（Jamie）团队合作，利用他们在高级主管会议组织方面长期积累的经验基础，让我们能够更进一步地组织针对性分组会议。事实证明，这对于会议参与者及客户团队都是有价值的，给大家提供了展示各自专业知识的场所。所有这些荣誉都归功于杰米，他拥有实现这一变革的远见卓识和推动力。”

我们可以选择成为主角，但对我们来说，最好是做甘道夫（Gandalf）或梅林（Merlin），他们是传说中的智者，可以帮助英雄建功立业。为什么？因为，客户内部潜在买方比我们更容易认同他们的同事。他们并不在乎我们是否能赢，他们关心的是我们是否可以帮助他们赢。

和客户进行头脑风暴

权威专家在谈到如何成功地将新服务业务引入当前客户（即扩张模式）时指出：最重要的能力，是面对客户要反应迅速，行动敏捷果断。并非每个人都能与客户一起进行头脑风暴，这需要特殊才能。

比如，你的客户问："你如何看待人工智能（AI）？它是未来的潮流吗？"

你可能不是公司最重要的人工智能专家，但这并不表示你不能分享自己所知道的知识。你可能会说："依我的经验，人工智能将驱动公司收益方式的改变，全周期地降低成本。谈到成本，我看到80%的客户是使用机器人流程自动化来节省成本，应用人工智能的倒不多，比如，文件自动化及减少员工人数。机器人流程自动化是现在花费最少精力就能实现的成果。"

正是这类对话，就有可能产生新的业务工作。

你的客户可能会继续说："机器人流程自动化仅仅是宏观性的改进吧？"

这里，你可以借鉴自己的经验，也包括你同事的经验，作出回应："在奥斯汀的一家公司，我们有一个项目，跟踪他们的合规流程并申请流程自动化。一年之内，他们将人工成本降低了13%。这东西太神奇了。这样，带你去看看我们做了些什么。我可以介绍你跟海伦（Helen）认识，她是这方面的专家，也是你们行业中人。我想你会喜欢和她谈谈的，我来安排。"

做好朋友并不意味着你随时都能给出所有的答案。只是意味着你要诚实，了解你的意见在哪里是有价值的、有用途的，并知道什么时候利用其他资源以获得最佳、最彻底的答案。

抓住难点

权威专家对于他们客户讨厌或难以做到的事非常敏感。雅各布说："他们付钱给我们去做自己不想做的事，将麻烦外包了，他们才可以专注于自己更重要的工作。"每当他听到了叹气、不满、委屈或抱怨时，就像听到铃声一样，在召唤他为别人提供帮助了。就像看到一个朋友负荷过重，我们会伸手帮一把，对于客户，我们就应该提供支持。

做好记录

客户关系管理的功能完全就是记录。只是，数据库提供者没有告诉你为什么做记录很重要。做好记录会为你提供一个工具，让你能在客户或潜在客户的脱离点重新建立联结。比如某一天，某个零售项目陷入了困境，你在亚特兰大做了 20 分钟的沟通，谈到了批发问题，随后你就放下了这个问题。但自从你们两人上次谈话后，你的这个潜在买方每天都在谈这个问题。这非常重要，记录足够好，你才能在上次断开的地方继续对话。你已经在这个潜在买方身上花费了很多时间，如果又要从头开始，没有什么比这个更令人沮丧了，这让他们感觉完全是另一个人。如果他们上次告诉过你，他们要去参加女儿的毕业典礼，而在下一个电话中，你却问他们是否有孩子，想想，他们会有什么样的感受。客户的低声耳语，提醒着我们，他们正在努力保持对话的连续性。

从提供商转变为合作伙伴

权威专家认为，自始至终，他们的目标都是从被视为卖方，转变为客户的战略合作伙伴和协作者。越来越少提问如“愿意跟我谈谈我们的集成服务吗”，更多的是“下一步我们要做什么”。

在一个公司内部，如果我们给客户创造了真正的价值，就认为我们有权力跨越客户部门，寻找更多的工作，这个想法是傲慢自大的。他们容易不理解客户组织的系统性障碍，暴露出一些专业人士之间互动方式的稚嫩。我们的任务是了解客户和虚心学习客户内部信息和建议，获得一定声誉和认可后，再开始新的业务工作。要知道，我们的经验将帮助客户更好地实现他们的目标。

获得客户的信任后，如何把我们所做的业务推荐给他们呢？权威专家告诉我们，这需要我们往另外一个方面发力。

升级

仅仅与客户项目的负责人建立密切关系是一个菜鸟级错误。我们强调过，顶尖专家会花时间在整个客户组织中发展关系，最重要的是，一定要包括买方的老板。专家希望为客户再提供一套服务，通常只有老板才能拍板是做还是不做。

比如，假设你为一家技术咨询公司工作，该公司擅长向加州的律师事务所提供网络服务，这些服务的买方通常是律师事务所的首席信息官，而首席信息官的老板是首席运营官，对于整个公司管理的软件系统，他才是重要决策者。你已经与首席信息官建立了信任，这很重要，因为可能会有人向他们询问网络服务公司的服务情况。

你对首席信息官说：“我看到你们正在考虑切换到克利奥系统平台，我们很想参与这个项目。”首席信息官很可能这样回答：“那个项目实际上是由首席运营官和一组项目经理团队管的。”这时，你就得“拼”（ping，网络术语，即发送一个请求）一下首席运营官了：“我们为你的首席信息官和他的团队在公司网络工作方面做了很好的工作，你是知道的。现在听说你和你的运营团队正在考虑迁移到克利奥系统平台。我们在加州的各个律师事务所完成了许多克利奥系统迁移项目，如果你觉得有用的话，我很乐意给你一些关键资料，希望能帮你们避免一些别人走过的弯路。”

跟进

我们在客户公司里遇到某人，虽然他现在不是我们的买方，但将来有可能会是，我们就应该跟进他。

比如，莎拉·马修斯（Sarah Matthews）是提供数据隐私咨询服务的专家。她在客户会议上介绍其公司所做的基于《通用数据保护条例》（*GDPR*）隐私方面的业务。那天晚上，她在客户公司遇到了另一个合伙人，为了更多地了解他们的工作，莎拉提出了很多问题。也许她可以将从他们这里听到的信息与另一个曾合作过的客户联系起来，她说：“这很有趣，当我们做另一位客户的《通用数据保护条例》和《加州消费者保护法》的合规业务时，能发现同样的问题。”

当然，现在还不到业务销售的时候，如果他们问她做什么，莎拉最好回答：“我们提供客户公司的网络安全服务，主要是围绕隐私治理。”但是，莎拉现在不会这样说：“你认为我们可以与你的部门合作做这个业务吗？”如果萨拉真心想拿到她的业务，就必须有耐心，慢慢地把鱼拉上来，而不能扯断了钓鱼线。这就是说的要一直保持跟进。

以下是我们在沛思公司的业务流程：

- 做好记录，我们遇到了一个客户关系管理项目方面的新的“联系人”。
- 等待了一个星期后，我们向他发送电子邮件：

山姆：

很高兴在上周的亚特兰大活动上认识你。你所谈到的关于建筑环境风险日益增长的问题，我很感兴趣，特别是对于那些硅谷的年轻人来说，我们通常不能忍受这种破坏的影响。刚刚读到一篇文章，里面提到了一位经济学家关于这种风险是如何破坏公司组织和业务的看法，我想你可能会感兴趣。文章链接附后。

下次我去纽约时，我们一起喝一杯咖啡吧！争取下一次往你那边出差。

汤姆

山姆很可能会回信：

汤姆：

很高兴认识你。感谢你发来的链接，一起喝咖啡会很有趣。谢谢！

山姆

• 我们安排了下次去纽约的时间，预订了咖啡，还是用之前的电子邮件地址，以便山姆可以很容易地认出是我们，并且还巧妙地提醒一下山姆，他说过他会很高兴跟我们一起喝咖啡。

在咖啡馆，汤姆问道："最近好吗？你现在主要在做什么？"汤姆开始吹嘘他们现有业务的项目经理——山姆的同事杰西卡："杰西卡在零售部门做得非常好，跟我们的团队合作也让她感觉很好。"这是一个弦外之音，在溪流水面上漂浮着一只诱饵，等待着那两磅[①]重的鳟鱼跳出来上钩。

然后，我们问："我们也为你做这样的事，你觉得可行吗？也许我可以整理一个简短的PPT，介绍一下这个业务，以及我们杰西卡所做的零售方面的业务。"请注意，**你并没有直接要求下单，而是给新买方一些容易说"是"的**

① 1磅=0.454千克。

东西，谁会对介绍别人项目的PPT说“不”呢？不会的。

- 在一个工作日内，我们发出了PPT，在电子邮件上写道：“这是我上次提到的PPT，描述了我们能做的事，以及我们为杰西卡零售团队所做的工作。我很乐意安排一些时间来跟你一起浏览一下整个过程。下周行吗？我正好有点时间。”我们发现，大多数专业人员忙碌的一天是在不停地接打电话中度过的。所以，当我们提出“过一遍PPT”时，他们就会松了口气。这里其实包括了下一步，但是没有直接说出来，即让他在坐通勤列车上下班的路上，读一读这个PPT。

- 跟山姆一起过一遍PPT后，我们再次发问：“你看这里有哪些东西对你的运输部门有所帮助？”

他可能会说：“你必须要了解这边运输部门的情况，这与他们在零售部门有所不同……”

我们正等着这句话呢，不用慌张。这仅仅只是表示山姆需要花更多的时间来消化我们所说的话，重要的是，他需要思考一下如何绕过自己这边的问题陷阱，然后才能与我们合作，我们给他时间。我们又问了几个问题，然后提出建议：“你提到，这件事需要朱迪思和拉维的签字，我们可以去拜访一下，向他们简要介绍一下我们在零售部门所做的事情，行吗？”**不能让别人代替我们讲故事——无论如何，最好是我们自己讲。**

关键提问

与客户做好朋友，意味着要花时间重新整理你的客户优先级名单，也意味着要花时间对你为他们所做的工作，寻求诚实和缜密思考过的反馈。在客户规划过程中，安永会计师事务所邀请了一位关键客户参加讨论，获得了关键问题的直接反馈。这些会议对于了解客户的运行状况很有帮助。

这是在机会开发钻石模型中发现增长机会的沃土。以下是安永会计师事务所在这些会议中使用的问题样本清单：

- 你喜欢我们今年的表现吗？
- 你不喜欢什么？
- 我们应该处理哪些问题？
- 我们还有其他可以增加价值的领域吗？
- 你正在观察的哪些未来事件或趋势可能会影响你的业务？

这个过程肯定比尝试猜测客户的优先级更具影响力。**为客户整理清晰的思路，让客户感到受重视和被倾听，才会双赢**。但是，必须牢牢记住，有效提问的关键不仅在于记得问的这些问题，也在于认真倾听他们的答案。

坚持做朋友

在人生旅途中，我们要紧密伴随我们的朋友和家人，同样地，也必须紧紧伴随我们的客户。确实，人们会换工作。在我们一些最大的专业服务客户里，像高级管理人员，他们在一个岗位上大约只待两年。出于这个原因，保持跟进所有认识的人是重要的，他们是我们开发业务的重要工具。他们离开岗位后去了新的地方，要跟随进入他们新的岗位。首先，你与他们在原岗位上建立的信任和信誉会随着这个关系迁移到新的组织中。其次，随着许多重要的关系人获得了晋升，也许会给我们带来一些新的机会。今天的分析师会成为明天的项目主管，可以自己掌握利润和亏损，有权决定跟我们的合作，进入以前难以渗透的公司其他部门。

社交平台领英可以为此提供强大的资源，尤其是当某人离开公司时，以及当他们在客户内部担任新岗位时。谷歌快讯也是一个强有力的工具，设置客户及客户中你认识的每个人为关键条目，如果有相关的信息出现，就会给你发邮件，你就可以跟踪客户的来去轨迹，一旦他们宣布了策略或并购变化，你都能第一时间知道，并即时对关系人说："恭喜你进入新岗位！"这可能是一种非常有效的对话方式，沿着这条线下去："你知道我们的专长是工程管理，但我想让你知道，我们在油气租赁管理方面的项目也曾荣获高德纳的推荐方案。"你已经在这些关系上做了投资，也许你甚至已经达到了"冰箱使用权利"等级，不要让这笔投资流失。

第 14 节
准则 3：用好团队

我们的同事把我们引入到他们的客户项目中去，我们也把他们引入到我们的客户项目中来，就此开始，我们通往增长和开发新业务的道路就将变得顺畅并便于加速。与同事分享我们的专业知识，是我们能够采取的最简单的业务开发行动。掌握好团队的技巧，是开发业务的关键战略。如果仅仅依靠自己单打独斗，我们的事业不可能做大。要知道，我们的时间和能力是有限的。充分利用他人，增大彼此的信任和信誉，从而可以在客户内部开发新的业务。也就是说，专家要操心的是，引进他们的同事，将他已经在客户中建立的信任扩大到他的整个团队之中。

无处不在的群际偏见

1980 年，普林斯顿大学（Princeton University）的两位教授乔治·奎特隆（George Quattrone）和奈德·琼斯（Ned Jones）在《人格与社会心理学杂志》（*Journal of Personality and Social Psychology*）上发表了一篇论文，写的是关于他

们与普林斯顿大学和罗格斯大学（Rutgers University）学生的实验。实验中，学生们被分为两类，一类是观察者，一类是表演者，表演者在录像中展示一些简单的选择，观察者则观看录像带。表演者带有假定所属大学的标识——普林斯顿大学或罗格斯大学。然后，观察者被要求根据所看到的表演者行为来预测这两个大学的学生将如何做出选择。奎特隆和琼斯发现，普林斯顿大学观察者预测罗格斯大学的学生更有可能做出类似于标识为“罗格斯”学生的选择，而罗格斯大学的学生则认为普林斯顿大学的学生更有可能做出类似于标识为“普林斯顿”学生的选择。

心理学家将此现象称为“群体外同质性偏见”（outgroup homogeneity bias），人们倾向于认为自己所属的群体内部是多样化的，而群体外部的都是同质的，可能会以相同的方式行动。因而，这会产生一种错误的偏见：不属于我们的群体比属于我们的群体更相似。

虽然这种群体偏见是不正确的，但当我们把同事介绍给客户时，可以利用这种偏见形成对我们有利的作用。我们担心合作伙伴的信誉或赢得客户信任的能力不如我们自己，因此觉得引进这些同事会有风险，特别是面对一家大公司客户，以及与这位同事也没有合作经验时。我们会认为，我们与客户建立的信任，对于自己来说是独一无二的，很难转移给我们的同事。

“群体外同质性偏见”告诉我们，不应该如此担心。这种现象研究的意义就在于，如果我们的客户和我们有了很好的合作经验，认为我们是值得信任的和有能力的，那么他们很可能就会认为，作为我们集团的一部分，我们的同事也是同样值得信任和有能力的。众所周知，充分利用我们的同事是扩大信任和信誉的有效途径，以此可以发展与客户的合作。特雷·科克斯指出：“我与同事双重接触客户的好处在于，我可以用一种同事自己无法做到的方式，谈论同事的声誉和经验，利用这种信誉来建立客户的信任。”

专家们强调，无论是远程还是亲自去现场，全面地、系统地将我们其他伙伴引荐给客户是非常重要的。接受我们访谈的许多专家认为，这是最有效的方法，能充分利用我们的团队，最大限度地发挥我们的能力，做好业务。

介绍的艺术

把同事介绍给我们的客户是一种艺术。掌握这种艺术需要了解各种介绍方式，以及要介绍同事的类型。介绍方式有以下三种。

通过电子邮件

希拉，您好！

谨此致意。我有个急事想请您帮忙，您愿意将我的同事介绍给您的首席供应链总监吗？他是我们供应链项目负责人。我们公司为一个最大的第三方代工制造厂（OEM）提供服务20多年了，他希望能分享一些他在这个过程中所学到的有关自动化的经验。

您是否愿意接受这样的事情？请告诉我，不胜感激！

埃里卡

这种介绍方式是最简单的，但也是最弱的。这个邮件简单明了，仅需要花费两分钟的时间就写成了，但这不是扩大信任，只是把信任丢了过去。首先，埃里卡不知道希拉是否认识他们的首席供应链总监；其次，埃里卡的请求隐含着让希拉为她不认识的人提供担保，并且那也不属于她能评价的那个专业领域。

如果是以下这样的沟通，效果会最好：

希拉，您好！

感谢您愿意与我的同事斯坦·墨菲（Stan Murphy）交流（链接到他的领英页面看看他的最佳项目）。我已经与斯坦合作多年，在各种自动化业务中，他是最出色的。听您说到你们在移动网络安全方面遇到问题时，我就知道你们俩会有很多话题可谈。斯坦拥有一支王牌团队，专门为制造公司解决问题。我把这个邮件抄送给了斯坦，让他跟进并找时间联系。

祝好！

埃里卡

电话或视频会议

用电话会议来介绍同事是安全且有效的。在通话之前，你可能会给客户发送电子邮件，说："我将邀请我的搭档斯坦加入我们的通话，他是我们网络安全项目的负责人，我认为他也许能够提供帮助，对这个项目的安全问题进行分类，并分享一下我们对其他客户所采用的几种方法。"

在通话过程中引入斯坦，到了这节骨眼上，正是该夸赞几句你的伙伴的时候，你可能说："我想向你介绍我们网络安全项目的负责人斯坦。他是我们从国家安全局（NSA）挖过来的，他带领团队在'9·11'之后成功入侵了基地组织的电话网络。他是斯坦福大学的博士毕业生，目前是制造业协会网络委员会的主席。"斯坦可以这样回应，以显得更有亲和力："哇！好精彩的介绍词，埃里卡，不敢确定我是否值得你给出这么高的评价！希拉，很高兴认识你。让我们深入交流，我将尽力提供帮助。"

亲自到场

把我们的同事与客户联系起来，最耗时但也是最有效的方法，是亲自引荐他们。形式上可以是客户拜访、会议上的随意交谈，或是酒会或晚宴上会面等。无论如何，规则是相同的：

• **保持轻松**。我们要努力记住，这不是做销售的时刻，而是需要大笑的时刻，寻找到联系切入点，建立融洽的关系。

• **宽容大方**。我们需要知道，我们的同事是第三个轮子，因此要努力推动他们参与交谈，让他们有机会表达自己观点。

• **尊重客户**。对话的60%应该是关于客户的，30%是关于重大问题且同事可以参与的，10%是关于同事及其工作和背景的，关于我们自己的仅为0%，那就非常好了。

• **无缝切换**。话题从客户的兴趣、爱好或家庭，有意地转移到同事的兴趣和经验上并不难，这建立了信任、共同性和融洽关系。从我们的专长无缝切换到同事的专长，比如，对话逐渐转移到希拉的新手机上，你可以说："斯坦，你是美国国家安全局的专家，你推荐用什么手机更安全？"

专家认为，在努力与客户建立合作伙伴的信任和信誉时，他们的任务就是充当对话的促进者，汲取共性和共同的专业知识，促成一次富有创造力和令人难忘的对话。

顺道拜访

专家说他们有两个任务：一是收集自己专业领域内的最佳项目，二是将这些最佳项目提供给客户。邀请同事走到我们的客户中去，学习和理解客户的出色工作，以及从一个新的角度，让他思考我们公司如何才能更好地为客户提供服务。让同事顺道来拜访，与客户在现场共事是一个绝佳机会。

以下四种类型的同事，是可以安排来现场拜访的。

专业明星

专业明星（rock star）是指我们横向聘请的专家，他们加入公司就是为了提升特定领域的信誉，开发新的业务。我们利用每一个机会，向客户介绍我们团队的明星，也许是让他们做路演，并在一个地区的各个办事处停留。

比如，你在一家咨询公司工作，该公司为市政当局提供公园规划服务，扩大场地和娱乐机会。公司刚刚聘请了住房和城市发展部（HUD）的灾后恢复收购计划的前负责人，该项计划向市政提供拨款，用于购买损坏的建筑物，拆除后新建公园。在各种场合如午餐、简单见面及客户推介活动中，我们可以把这位明星专家介绍给该地区的公园和娱乐部门的客户。最佳项目需拥有专业明星，同时让他们带上礼物拜访客户，礼物是给客户的拉尼雅佩。

老板

将公司中最优秀的人才引进给客户，能够提升我们每个人的竞争能力。专家分享说，企业领导走访客户是非常重要的，公司派出高层领导拜访关键客户，并询问：“我们的表现怎么样？”让高层领导出场的价值在于，他们可以进行战略级别的对话，这是交付团队很难做到的。这种会见能够带来超多机会，例如改善当前提供的业务工作，巩固高层关系，以及争取将来更多业务和更多不同类型的业务。

为了成功地、顺利地和完整地进行客户拜访活动，高层出访领导与交付团队之间的信息传递至关重要。反过来，如果与领导层共享了信息，却在未来的工作中没有反映出来，客户可能会因此感到沮丧。此外，老板的到来是为了提供帮助，而不是推销，否则就有可能让人感觉我们正在引入高层领导来获得更好的交易或促进交易，这会减少客户对我们的信任，而不是扩大信任。

华盛顿斯波坎市的律师吉姆·索兰（Jim Solan）被称为“派个白头发的来”。他指出：“在法律界，如果你没有几根白头发，恐怕就得不到尊重。这似乎是说，对于重大的机会，需要那些有白头发的人来赢得信任。”这个评论的中心思想是，在你赢得信任和信誉来获得一些跨越机会开发钻石模型的战略指导之前，通常需要花费大量的时间并进行艰苦的工作，也许还需要你的老板出面。IBM 的安·基菲贝尔（Ann Kieffaber）告诉我们，她是如何有效地做到这一点的：

> IBM 这一点做得非常好。他们称之为 PEP 计划，即合作伙伴推进计划（partnership executive program）。IBM 的合作伙伴通常是高级管理人员或具有特定技能和经验的专家，对客户具有很高的战略价值。我们定期地派他们去见客户，帮助加强现有的客户关系以及扩展新的客户关系。当然，这些见面的准备工作至关重要，PEP 高管需要熟悉将要会面的客户高管的战略优先点，知道 IBM 客户计划如何与他们的战略优先点保持一致，同样，也需要向客户主管简要介绍情况，并就将要讨论的一系列初步议题提供意见，以确保这次会面对他们而言是有价值的。选择合适时机并投其所好很重要，在对的时间见对的人，就可以建立持续的客户关系。最好的 PEP 执行人员可以帮助现场客户团队，在客户内部扩展横向和纵向关系。IBM 首席执行官说，像联合健康集团（United Health Group）这样的《财富》100 强企业高管，与同行进行一对一的会面，就是一种高价值的互动。

正如索兰（Solan）和基夫法伯（Kieffaber）所强调的那样，老板（或“白头发”）是非常具有帮助性的角色，可以加速我们赢取新买方的信任，以及赢取不同业务工作的信誉。

同行

“我在嘉科工程（Jacobs Engineering）任首席信息官时，也被请到现场去协助销售过程，并分享关于潜在客户的看法，”科拉·卡莫迪（Cora Carmody）跟我们分享道，“我们带来的同事，作为同行跟客户分享观点，并且可以畅所欲言。如果做得好，可以消除一些传统‘销售’方面的负面影响。”

比如，我们自己的首席信息官参加会议，描述如何管理特定的挑战，以及那些可交付的成果。如果买方参会人员也为首席信息官时，必然增加权威性和可信度。当然，他们必须是真正的同行，或者具有应对类似挑战的能力，这样才能有效。如果你是一个只有 100 名员工的公司，而客户是有 10 000 名员工的公司，那么围绕着技术变革管理的主题，这两个公司的首席信息官的对话就不会有很大的作用。

这种策略，还可以减轻“哦，我们的服务正好针对这个”的现象，有些专家顾问就因此被诟病。高层同行的出席，让公司能够展示与文化特征、系统限制和变革管理等相关的企业能力。企业并不想购买现成产品来解决问题，他们希望与能够信任的人合作，能从容应对即将到来的挑战。邀请我们的首席信息官参加客户的首席信息官会议，可以传达真正的信息。在这种情况下，至关重要的是，我们的同行专家要做好准备，确保充分地了解客户所面临的挑战和机遇。

新人才

引进新人才也是专家们用以有效扩大信任和信誉的一种策略。请求客户给我们的新员工办个培训班，以便了解他们公司的各个方面，这表明我们尊重并赞赏客户公司，希望我们的员工以他们为榜样。这样的做法，表现出我们公司正在成长壮大，且兵强马壮，能承担客户可能遇到的任何问题，因而扩大了我们的信誉。同样，我们带来大量20多岁的新生力量来推进我们的目标，向客户表明我们拥有资源，可以为他们承担难以解决的问题，展现了公司的活力及智慧，有助于增加客户对未来合作前景的热情。

企业群体

在我们的自我认知中，沛思公司不是一个大型公司，也不是一个家族企业。家族企业是一种特殊的事物，完全不同于我们员工组成的团队。相反，我们称自己为“沛思群体”。我们位于黄石公园（Yellowstone Park）附近，崇尚狼群方式，彼此照顾、一起狩猎，那就是我们对自己的认识。我们将自己的工作视为团体项目，而不是个人项目。有趣的是，查桑用相同的语言描述波士顿咨询集团：“我们就像狼或狮子，它们无法独自捕捉任何东西，只会成群结队地狩猎，我们也是如此。”

将自己视为一个整体，使我们很容易自视为具有独特才能和观点的专家，可以并且应该将我们的才能与观点带给我们的客户和同事的客户。我们每个人都拥有集体的力量。面对挑战，我们每个人可能都很渺小，但团结起来就很强大，没有什么做不到的事。归根结底，这是将其他同事拉入客户项目的承诺：最好的和最聪明的我们，与最好的和最聪明的客户团结起来，可以共同创造无限可能。

第 15 节
准则 4：用好激励

“我不知道为什么希望总是会破灭。”雅各布告诉汤姆，“每次我看《花生漫画》的动画片，查理·布朗（Charlie Brown）都在奔跑着踢足球，但在最后关头，露西（Lucy）却总是把他拉了回来。我真希望别这样！我是一个总是希望看到乐观结局的人。”

培养客户的信任和信誉是非常重要的，与此相同，我们也必须在团队内部基于激励薪酬做好同样的事。违反奖金协议是破坏员工信任的最简单方法。

雅各布负责沛思公司的激励薪酬分配。涉及金钱，人们之间的对话可能就会有些尴尬或困难。每次雅各布发放奖金时，都会根据沛思公司激励措施设定的基调，说同样的话，他说：“给你们发奖金是我最喜欢做的事，这意味着我们的业务正在发展。我们设立奖励就是为了激励你们做事。你们表现得很出色，谢谢！”

反之亦然，如果我们随意改变考核规则，或者说好要发的奖金没有兑现，那么全公司都会知道，并且最先受伤的就是信任。具体情况并不重要，如果我们觉得某些奖金不应该发，就应该修改激励机制，否则员工们将会送给我们露西拉住查理进球的动画片，这是对我们领导风格的莫大讽刺。

千万不要做露西。

专业服务需要不同的标准

雅各布在贡萨加大学攻读研究生时，他期待的大学环境要侧重于对学习成果的考核，而不是像本科生阶段一样侧重对成绩的考核。“当时我想，再也不用忍受教室后面的学生打断讲课，问‘这个在考试范围内吗’。结果，我错了。”

雅各布回忆起工商管理硕士培养计划中的一门课程“企业财务报告”。他说：“如果要我来命名这门课程，我会简单地称它为‘商务语言’。”不像其他课程，这个课程是要让未来的领导者至少表现出知道自己正在谈论什么。在课程中，学生们将熟练地使用诸如税息折旧及摊销前利润（EBITDA）、权责发生制会计（accrual accounting）、关键财务计量工具如 ROA、ROE 和 P/E 比率之类的专业术语。第一次考试后，雅各布和几个通过了考试的同学站在一起，一位同学很优雅地拿出计算器，说：“根据曲线，在下一次测试中我只要获得 44 分，整个课程就仍然可以获得 B 级。一起喝啤酒去？”

这是一个星期二的下午 3 点，雅各布跳了起来，喝着啤酒，捉摸着用成绩来衡量学习的怪异之处。他想不明白，大学为什么不调整指标来衡量学生更值得期望的东西，例如职位安排、人际网络或自主选课？许多研究型中等大学都会夸耀他们在学术期刊上发表的论文，以及获得的各种证书。雅各布却认为，这似乎过于陈旧了：“失敬地讲，我也在那些期刊上发表过论文，但把它作为衡量大学在培养未来商业领袖方面的成功与否的指标，似乎无关紧要。从来没有一个商人来找我说：‘我看到了你在印第安纳大学所写的论文，这改变了我的创新思维。'"

芝加哥大学布斯商学院教授、激励学专家戴斯坦·达尔霍德（Dystein Daljord）指出了关键指标所面临的问题："我们可以衡量重要的事情，但并非所有重要的事情都可以衡量。"比如，知识改进和工作安排是很难随时间来跟踪和管理的，但是在许多服务领域这些仍然是关键的绩效指标。此外，在某些情况下，也有其他的一些关键指标，比如人们在工作安排中想要什么？金钱？利益？工作与生活的平衡？薪水是可以作为明确的计量单位，但其他就比较模棱两可了，对于下一代大学生难以有吸引力。类似于《美国新闻与世界报道》之类的大学排名指标，这种强加于大学之上的成功模式，可能与学生的期望不符。

雅各布将自己的工商管理硕士经验，与他每天在专业服务中所看到的进行比较，他意识到其中有很多共同之处。专业服务的世界，也是在非常相似的度量标准里纠缠不清：要想正确地衡量及激励，通常是昂贵、复杂或罕见的，因而是不可能的。

如果任务的性能是有单一单位的，就可以很简单地被衡量。比如，达尔霍德教授说："如果我采摘水果，就很容易评估产量和工作质量，要么在一小时内摘 5 个苹果，要么在一小时内摘 500 个苹果。"在专业服务行业中的某些领域，工作安排简单的就易于测量。比如，降低成本的项目，有家咨询公司进来说："我们可以对你们的分散式采购实施类别管理，可以在四年内为你们节省 1 亿美元，总节省成本的 20%给我们做费用。"这就很容易衡量。假如双方对节省额有明确的定义，在项目进行过程中就不会有节省成本和避免成本之间的界限争论，那么这个项目衡量应该是很理想了。

不过，奖励工资就不是那么容易了。成功是有很多缘由的，尤其是商务开发的成功。而且，在专业服务领域，开发新的业务项目，不论是全新的客户，还是当前客户内部的新买方，都很难快速完成。建立信任和信誉需要很长的时间。此外，服务提供商的技能必须与买方的实际情况相吻合，才能创造开发机会。专业服务必须符合买方的总体战略重点、预算限制，并与公司的主要目标保持一致。要花费这么长的时间，总是会有大量的人员牵涉到这个项目中。项目时间越长，要对这项工作的负责人进行准确的追踪就越难。

佣金模式

许多企业明确定义业务项目为佣金模式，并将其作为分配奖金的一种手段。比如建立关系、开发新服务产品或赢得业务项目，就会系统地分配出特定的奖金。采用这种方法的理由非常充分，公司员工如何分配奖金就有了明确的信息。此外，公司还可以调整与某些委托项目相关的补偿等级，比如，如果你是在小企业工作，客户比较少，则可以通过增加新客户净额的奖金分配比率，这将产生新的销售额，降低市场风险。如果公司的利润下滑，可以将奖金分配向增加当前客户内开发新业务或特别有利可图的特定服务产品倾斜。项目测量系统可以为领导者提供一个仪表板，明确指导如何改变行为，以推动相应的成果。

这种系统在公司内部看上去很理想，但是在与客户优先事项保持一致方面，可能会有一些障碍。这种类型的系统过于内部取向，如果客户服务文化缺乏弹性，可能会产生不良行为。业务人员寻求实现预定目标时可能会选择上行空间不足的客户项目，以达到短期季度目标，拿到奖金。并且，这种项目很难有协作，可能就会回到第 5 章中所描述的“塞伦盖蒂的羚羊”场景，每个人都在为争抢一块饼而战斗。

比起事后在项目审查单上争抢奖金，更糟糕的是，在潜在业务项目中排挤关键员工和关键想法，从而导致无法赢得客户业务。特定的激励机制，通常会成为决策的一个出发点：“是请机器人过程自动化专家来完成此次销售，分拆我的奖金，还是我自己去争取，以便获得全部奖金？”如果有人这样行事，那就是自私。独自销售整个项目的机会引诱着我们，就像受伤的羚羊引来了鬣狗。有些员工开玩笑地说，这种冒险心态是“经常犯错，但绝不迟疑”。企业必须确立某种激励合作的系统，才能有希望将组织的全部力量和能力展现给潜在客户，增加赢得项目的机会。

双重计算

企业内部垂直式组织架构，会导致不同部门就像独立的筒仓（silo），相互之间缺乏交流、信息共享以至合作。单纯的佣金制度可能会带来筒仓风险。对此，一些公司已转向采用“双重计算”（double counting）的奖金制度，2010年，毕马威美洲前涉税业务副主席杰夫·勒·萨奇意识到，毕马威服务的人力物力并未全部被推向市场。尽管这里是合伙人制度，但规模如此庞大的企业，需要系统来推动协作，因此，毕马威将所有业务开发转移至双倍计算系统。过去，如果税务服务员工和技术专家合作赢得新业务，他们之间将平分100个“新增业务分”，这自然而然地激励人们上场“单打独斗”，最终降低了赢得竞争的可能性。因此，毕马威引入了一个概念——重计算业务开发分。在上述的场景中，税务服务员工和技术专家都将获得100积分。如果有七个合作伙伴共同赢得了业务机会，每个合作伙伴都将获得100个新的业务分。这是一个范例，企业有效利用激励措施来驱动正确行为，当合作团队在赛场上尽力奔跑时，常常需要各个部门不同领域的学科专家们齐心协力，企业才更有可能赢得更多业务项目，从而得到整体成长。对于毕马威，专业能力的广度和深度就是竞争优势，必须拥有一个系统，充分地利用这个优势。

协作积分

“在没有双重计分的体系里，合作就会受到惩罚。”企业风险管理公司的沃尔特·希尔说。他知道协作可以带来成果，特别是在努力扩展客户关系时，因此，他在双倍计算的基础上，奖励协作积分，将合作伙伴进行协作的频率作为协作指标。“我要避免的是人们独自行动。我们让一个人主管一个客户，而其他合作伙伴在他的业绩中只占 20%。”

漏斗阶段

潜在客户培养阶段的表现呈漏斗型，包括顶部认知阶段、中间考虑阶段和底部偏好阶段。通常，激励薪酬并不包括顶部认知阶段指标，诸如销售线索生成之类，但有些公司正在将这些指标添加到广泛的项目计分卡中。这些指标是非常有用的，可以使激励系统适应特定公司的文化和战略。而底部偏好阶段指标，比如新的业务收入，对业务开发实际努力的衡量力度却并不大。在大多数情况下，资金预算、时间安排和经济环境等因素，都会带来运气。

有些公司努力地发展自己的行为方式，对增长产生长期影响的行为类型，已经进行了成功的激励。这不同于可定义项目委托模式，这些活动要与特定交易保持一致，是公司信奉的基本行为准则，如果项目做得好，始终如一，将为开发更多业务铺平道路。哪些行为可以改善公司的业务开发？在大多数情况下，是驱动客户关系发展的活动，即使是间接地改善。

目标一致

为客户创造价值与为我们自己的运营创造价值，这两种需求之间如何取得平衡？这两个目标可能是相互矛盾的。

举个例子，一个会计师事务所为客户缩短季度结账时间提供服务，为了完成此项目，公司为这个客户安排了四名分析师，客户对此感到很高兴。通过增加四名注册会计师，公司现在能够在三天内完成结账工作，节省了时间，就可以专注于高价值的工作。然而，在此过程中，一位分析师注意到，采用一项技术解决方案可以减少人工业务流程，改进项目实施，无须另请外面的四名分析师。现在，领导这个项目的专家，就要做选择题了：

- 会计师事务所是否会继续当前的流程，既收获客户的满意，又享受提供四位分析师的丰厚获利？
- 会计师事务所是否帮客户实施新的技术解决方案，最大限度地为客户创造价值，希望这种信任为未来的合作机会打开大门？

这个例子看起来很简单，项目主管会为客户提供最好的服务，对吗？但并没有这么简单。如果这样做，项目提成的额外收入少了10万美元，该怎么办？如果主管意识到，此决定对他自己的奖励产生重大影响，该怎么办？激励计划的设计，永远不要让项目领导者陷入这种局面。**应该尽可能地，让项目主管的成功指标直接与客户的成功指标保持一致。**

埃森哲采购项目负责人克里斯·蒂默曼斯，着重指出了这一点：“激励计划与客户的成功有关，而不是与埃森哲的成功有关。第一位的指标是产生的客户价值。”我们将此体系定义为反向激励曲线，蒂默曼斯的激励结构放弃了内部指标，比如新增销售额和利润，取而代之的是简单的指标：“我们是否为你创造了价值？”这里的价值可以用多种方式定义，但唯一重要的是，成功的判定是通过客户的眼光，而不是埃森哲的眼光。随着时间的流逝，对项目进行审查和评估盈利能力后，就可以更改定价或交付模型。

剑桥集团的克里斯·佛斯迪克建议，通过客户的角度看待成功也可以添加其他方式。他说：“最近，我们花费了 5 年时间系统地研究了我们的客户，分析了他们的经济和股票表现，同时将他们的经营表现与同行进行了对比。”佛斯迪克很高兴地发现他们的客户总体上跑赢了市场。这里，业绩目标可以起到两个作用：

• 巩固了客户服务的企业文化宗旨。当目标转向客户成功时，企业文化自然就会朝着这个方向发展。

• 有数据支持地讲故事，这可以为业务开发提供机会。

开发与交付

我们常常听到这样的问题：出色的业务开发技能是可以培养的，还是有些人“生来就是做销售的”？这是一个非常有趣的问题。从某种程度上讲，业务开发技能在大多数职业和日常生活中，似乎是一种重要的因素。丹尼尔·平克（Daniel Pink）在他的非凡著作《销售就是人性》（*To Sell Is Human*）中进行了一项研究，研究人们在工作中做了些什么。他发现了两个关键结果：

1. 人们现在有40%的时间是花在非销售工作上的，劝导、影响和说服他人，并不涉及任何购买的方式。在各种职业中，人们每小时大约花费24分钟来改变其他人。

2. 人们认为，非销售层面的工作对于他们的职业成功至关重要，甚至超过了他们投入的大量时间。

这些数据表明，每个人在日常生活中，都应该开发说服技术。但这并不表示每个人都被这些活动吸引，许多公司认识到，某些人格更有可能享受业务开发，并能成功。如果目标是企业增长，那么明智的做法是将业务开发和项目交付，分而治之。

客户和员工的优先级一致：寻找最佳结构

芝加哥布斯商学院的达尔霍德教授指出："在一组专业服务顾问中，对相同激励措施的反应方式，可能会有基于实际情况的变化。"这说得通。一个40岁、有两个孩子和抵押贷款的人，很可能会看重稳定的薪酬，更喜欢强调工资和健康福利的激励方案。而一个23岁的年轻人，正与五个室友挤在纽约彼得库珀村（Peter Cooper Village）的两居室公寓里，则可能更愿意接受风险较高的奖金，寻求丰厚的报酬。对激励措施的不同响应，导致量身定制的激励方案。珀金斯·科伊的律师斯科特·华莱士，概述了他们公司组织业务项目开发和交付的方式，以充分利用每位专家的独特技能：

> 有些律师是普通的商务开发律师，有些律师则可能被称为权威律

师。我们公司大约有5%的律师是在这个职位上，他们专注于维护和发展最重要的客户关系。这是第一层次。第二层次则是能外出开发业务，也有按时计费的工作要求。在最后一层，一些非常聪明的律师的能力很强，但对外出开发业务并没有兴趣，而是专注于按时收费的律师工作。

许多公司浪费了很多的时间和精力试图让合伙人推动业务开发，其实这个合伙人可能更适合交付出色的客户工作，来帮助推动企业增长。华莱士认识到，价值创造是灵活的，可以让个人专注于业务开发或业务交付，合伙人可以选择想要产生影响的方式。

让激励系统与这些分散的技能组合保持一致，在业务开发成功策略中起着重要的作用。有些准则可以使激励结构更有价值，而其中最重要的是了解自己的企业文化，所选择的激励机制应反映员工的才能、组织结构和坚定的目标。

常见的是，公司选择广泛而简单的模型，测量是可以实现的，对组织中的每个人似乎都是“公平的”。领导层传达了公司目标，员工就应该很容易理解激励机制，过于具体或过于宽泛的系统会增加混淆度，降低员工对公司目标的理解。公司的激励机制就是以财务方式巩固企业目标。

许多公司都有福利表，可以让员工选择特定的选项，如健康储蓄账户、休假、远程工作灵活性以及其他选项，可以使员工优化福利组合，达到最大激励作用。但是，为什么激励性薪酬被排除在这种结构之外？为什么公司的薪水差异很大，却坚持以一个激励计划，平等地覆盖数千名员工？在与专业服务公司的数十名领导人交谈之后，我们认为，今后，**公司应专注于内在激励动机，尝试更定制化的员工奖励计划**。随着技术发展，专业服务公司将会更好地了解增长动力，减少人力资源与交付团队之间的摩擦。

第 16 节
准则 5：做好倾听

我曾多次看见项目主管与潜在买方坐在一起，滔滔不绝地谈论他们自己公司的经验和能力。

除了审计和税收，我们还可以为你提供工资与簿记、部分财务服务、并购、补偿和网络安全的服务。我们已经在汽车、制造业、农业、医疗保健、消费品和金融服务行业等提供了这些业务。

但是，如果是你在讲话，你就没有在倾听；如果你没有在倾听，那你就不知道客户需要什么样的帮助。

剑桥集团执行合伙人克里斯 · 佛斯迪克，简洁地指出了这一点："不要把交叉销售作为我们可以出售什么的头脑风暴练习，而是要视为一种倾听练习。越是如此，就越有可能产出成果。"

但是我们不同

桑迪（Sandy）是一家跨国公司的首席市场官，正从芝加哥市区的办公室里看向窗外，她正在给沛思公司总经理斯蒂芬妮·科尔介绍对面的蚕豆形千年纪念碑，他们俩都看到一群群游客在摆姿势拍照。斯蒂芬妮是由她的一位同事介绍给桑迪的，该同事曾代表桑迪的公司与斯蒂芬妮合作，召开不同业务领域的首席财务官会议。斯蒂芬妮在芝加哥拜访另一位客户时，趁机到桑迪的办公室来拜访。

桑迪在两指尖之间旋转着一支笔，开口道：“你推动我们在行业中的首席财务官之间建立关系，做得非常好。”她停顿了一下：“那个部门的同事不停地谈论你所做的工作，我很相信。不过，问题是……我们部门是不同的。”

斯蒂芬妮倾过身来。每次当她被介绍给公司的新买方时，谈话就不可避免地从“我们部门是不同的”开头。然而，这正是她所期待的，这为斯蒂芬妮开始提问提供了绝佳的机会。

桑迪的观点是正确的。她的部门确实是不同的。因为没有一个实践领域、一个部门、一个团队是相同的。斯蒂芬妮是一位认真倾听的资深人士，她知道提出正确的问题以辨别这些差异，这对她而言是至关重要的，这使她能够洞悉沛思公司如何为桑迪的工作增添价值。如果斯蒂芬妮不密切注意，对话将不会解开桑迪最初的疑虑。

波士顿咨询集团合伙人蒂埃里·查桑解释了定制化的重要性：

> 最简单的方法是将同一件东西卖给他人，因为之前你已经做过10多次了，并且拥有可以显示的良好记录。话虽如此，你必须要小心，我们从事的是半定制业务。多年前，我曾与我们的客户可口可乐公司合作，我派出了一个以前做过此类项目的团队，我没有特别关注他们。

客户的反应是："蒂埃里，这是我们七年来第一次感觉你们在应用机械程序，并且感觉不到有多大的增值。"

斯蒂芬妮与桑迪的会面正是通过推荐模式。桑迪的同事向她介绍了斯蒂芬妮在沛思公司的工作，这成了谈话中的驱动性话题。推荐人具有可信度以及对信任的隐含认可，但这也可能成为障碍，如何才能让对话围绕在斯蒂芬妮的定制化专业知识上，以满足桑迪的需求。斯蒂芬妮的工作架构方式，可能无法适用于桑迪的特定挑战，因此斯蒂芬妮有必要进行更仔细的倾听，考虑周全的定位。

从你曾经共事过的人那里获得推荐，会产生各种可能性，既要倾听又要注意新买方的需求有何不同。当有人说"我们是不同的"时，我们可以将其看作一种邀请，这可以释放他们挑战的独特性；这也是一种机会，让你运用专业能力，为客户增加新的价值的机会。

倾听的四项准则

在过去的20年里，我们制定了四项倾听准则，可以用来建立每个客户关系。

1. 明智的范围评估。将范围界定过程作为第一个机会，仔细倾听并询问客户的问题。企业风险管理公司的沃尔特·希尔告诉我们：

我始终确保以与客户进行面谈或向其介绍情况的方式，来确定项目范围。这是管理变革的最佳项目，也为我提供了一种与新买方交谈的方法，以了解我们为客户公司所做的事情，以及做好业务后的跟进。随后就简单了，安排时间询问是否可以将这样相同的工作，提供给另外的买方。

2. 搜寻信息情报。温暖的线索总是好于寒冷的线索，因为信任是从一个人传递到另一个人的。但是，当专家仅仅向现有买方询问，公司里其他人是否有兴趣购买服务时，就会受到限制。能够做到这一步很棒，但通常当你询问时，可能会得到诸如“当然，让我考虑一下，然后再回复你”的回答。这并不是说你的买方不想帮助你，她是要确保自己在扩展自己之前先算清楚风险和回报。你要求她做的最精细的数学运算是：最符合她自身利益的是什么？

最好利用你的项目经理作为客户公司的信息源，仔细听取他们与你分享的信息。

另一个部门的客户可能听说过你（知道），明白你的工作（了解），理解它可能帮助他们（兴趣），欣赏你的工作质量（信誉）并听说你是一个很坦率的供应商（信任），但还仍然没有达到触发合作的程度（能力与准备）。

与新部门合作的机会可能还不成熟，这有很多原因：可能是领导层来了新成员，可能是原来的老板要退休了，可能是每个人都在等待尚未上任的首席执行官发布新的预算方向，可能是公司收入下降了，可能是公司正在重组，可能是还有一大串其他的原因，最后可能还有个人的考虑——“他只是在努力折腾直到退休”或者“她已经在这里待了18个月，准备向公司展示可以推动变革”……

从许多方面来讲，收集情报比推荐更好，因为能在客户中折腾的人可能比你认识的人更重要。而在就客户的情况进行了这种深入的背景讨论之后，你会更容易地说："你能帮助我考虑一下，怎么才能把我介绍给桑迪吗？我很想去会会她。"

3. 调整激励措施。接受本书采访的专家表示，对他们来说，给潜在买方"送"点什么东西很重要。"四大"会计师事务所的一位合伙人说："我想告诉满意的客户，'我想在明年为你降价，如果可以将你与更大的一组合同捆绑到一起，那么就有资格获得批量折扣。你愿意坐下来讨论一下这是否对你有意义吗？'"为了确定提供哪些激励措施，人们必须倾听。

4. 倾听紧急需求。当客户遇到麻烦时，专家将为你提供帮助。当我们听到寻求帮助的电话时，这意味着客户正在向他们可信赖的网络寻求一些快速决策，希望能在外面得到帮助。

有时，领导要向内部人士寻求快速帮助，在紧急情况下做聪明人，是一条上位的途径。不止一个年轻人从默默无闻中脱颖而出，因为他们在正确的时间处于正确的位置，承担起了远远超出其薪水等级的项目责任。同样，精明的专业服务提供商也会感受到危机的魔力，努力成为第一个在现场的人："我们能提供什么帮助？"

如同剑桥集团的克里斯·佛斯迪克所分享的：

> 向客户销售第二个项目时，如果我们对客户说："嘿，我们有一种产品要卖。"那是卖不出去的。第二个项目之所以成功卖出，是因为客户非常喜欢与我们合作，喜欢第一个项目的成果，并且我们做好了为下一个项目提供帮助的准备。

第 17 节
准则 6：讲好故事

在美国内战的第三年，亚伯拉罕·林肯总统的私人秘书约翰·尼古拉（John Nicolay），向总统送来了一堆邀请函件。林肯看完后，停在了戴维·威尔斯（David Wills）的来信上，他是宾夕法尼亚州葛底斯堡的一位律师。威尔斯正在筹集资金，以挖掘在葛底斯堡战役中丧生的 5 万将士，将他们重新安置在新的国家公墓中。威尔斯已经预定前参议员、州长、国务卿以及哈佛大学校长爱德华·埃弗里特（Edward Everett）作为该公墓揭幕仪式的主讲嘉宾。抱着虽然希望不大、也想试试的念头，他问总统是否能前来讲几句话。

三个星期后，还在病中的林肯，乘火车前往葛底斯堡，他一路沉思着，准备他的演讲。他想象，一个饱受损失和苦难的国家，充满了狂热和寒冷，它的灵魂也是如此。同时，他看到胜利在捷，渴望为自己独自应对的冲突赋予更高尚的意义。

目击者说，纪念日那天，总统看上去很可怕、很动人。在埃弗里特的两个小时演讲之后，终于，他站了起来，虽然因发烧而头昏脑胀，但他仍沉浸在自己的演讲中。

> 87年前，我们的祖辈在这个大陆上创立了一个新的国家，致力于实现“人人平等”的主张。

一个新的篇章被翻开了，林肯召来了开国元勋的幽灵及其崇高的理想。对现场聚集的1 500人来说，其威力之大难以估量，大多数人都知道这些在建国之前出生的人。好像他是在呼唤一个死去的祖父母，仅仅是提及他们就会使人们肃然起敬，表现出一副更高尚的自我。

> 今天，我们正置身于一场伟大的国内战争中，这个战争正考验着我们的国家——一个有理想、有献身精神的国家能否长存。

他长途旅行来到宾夕法尼亚州的乡村，向他的国家提问：这种恐怖的眼泪，对我们的国家组织意味着什么？我们如何调和这流淌着鲜血的河？为什么有这么多的年轻人死了？

> 在这场伟大的战争中，我们在战场上相会。他们为让这个国家能够生存下去而献出了自己的生命。我们来到这里，是要把这个战场的一部分奉献给他们作为最后的安息之所。我们这样做是完全应该而且非常恰当的。但是，从更广泛的意义上来说，对于这块土地，我们不能够奉献、不能够圣化、不能够神化。那些曾在这里战斗过的勇士们，活着的和去世的，已经把这块土地圣化了，且远远超出了我们赞赏或贬损的能力。我们今天在这里所说的话，全世界不大会注意，也不会长久地记住，但勇士们在这里所做过的事，全世界永远不会忘记。对我们来说，我们这些还活着的人，应该在这里把自己奉献给他们已经

向前推进但尚未完成的崇高的事业。

然后，他表达了自己的信念，语速缓慢，一字一顿地：

我们应该在这里，把自己奉献给仍然留在我们面前的伟大任务；我们要从这些光荣的死者身上吸取更多的献身精神，来完成他们彻底为之献身的事业；我们要在这里下定最大的决心，不让这些死者白白牺牲；我们要使国家在上帝的福佑下自由地新生，要使这个“民有、民治、民享”的政府永世长存。

美国政府应该是“民有、民治、民享”的，多年来，这段话已经变得老套了，失去了它原有的威力。但是在当时，他们是真的信奉的。在充满精神活力的1776年，他们喊出了“自由”，从国王乔治三世的压迫下解放出来。而今天，林肯翻开一页纸说，美国的理想不再是过去的各州联合集团，而是一个国家，在自由中能够共同自我发展的国家。“民有、民治”对大众来说并不陌生，新颖的是，联邦政府应该“民享”。这是美国历史中的第一次，我们看到一位总统建议政府应该为其公民做事，而不仅仅是捍卫他们。用这些话来说，林肯提升了死者的价值，赋予他们生命的意义。他说政府不再只是保护人民，而是为人民服务，这成为建设更好美国的基石。

让我们讲故事

贡萨加大学教授克里斯托弗·史蒂文斯分享道：“大多数员工都不了解他

们所在组织的‘为什么’。除了在使命宣言或愿景与价值观方面，还必须与他们沟通‘为什么’。必须通过故事进行交流，因为人们会记住故事并可以再次讲述它们。”

最近一些书籍，如《你能写出好故事》（*Wired for Story*）、《让创意更有黏性：创意直抵人心的六条路径》（*Made to Stick：Why Some Ideas Survive and Others Die*）以及《沟通：用故事产生共鸣》（*Resonate:Present Visual Stories that Trans for Audiences*）等，都普及了这样的观念：人类是讲故事的人，以故事的形式能更好地获取信息。我们在客户内部遇到新朋友，**要介绍我们的工作时，也要努力成为讲故事的人**。我们看到那些伟大的讲故事的人，我们都能记住他们——他们做事非常完美。

他们有话要说，说得很清楚

佩吉·诺南（Peggy Noonan）是最有才华的演讲作家之一，曾为里根和布什工作。她在《说好话》（*On Speaking Well*）一书中写道，发表伟大演讲的关键，不是辞藻华丽或诡计多端，而是做出有说服力的简单论证。

> 聪明老成的人倾向于认为演讲是魔术。就像复活节岛的土著人一样，他们第一次看到照相机时，满眼所能看到的只是闪光，而且根据神话和教义来理解事物，他们认为闪光是强大的精神产物。他们无法猜测平凡的现实，其实这只是贝尔和豪威的产品。

我给出的建议是：**不要过于想象丰富，要基于常识。演讲实际上是不得不说的话，好的演讲之所以好，是因为讲的是很好的事**。

诺南评论过《葛底斯堡演说》，虽然简短，但说了些大事——从现在起，联邦政府将代表公民来做事，比如社会保障和修建道路。

事实证明，想法是很重要的。

在客户内部驾驭开发机会的能力，就是说事。要吸引不认识的人来做以前未合作过的工作。诺南主张，逻辑胜过技术。

假设你有20年国家职业安全与健康管理局监管者的经验，因此与嘉和食品公司（Ultra Foods）首席安全官蒂姆合作，提供安全手册撰写服务。你可能会在半夜醒来，想："我应该让嘉和食品的首席人力资源官修改所有工作说明，包括安全语言。"

于是，你决定向首席人力资源官发送电子邮件。

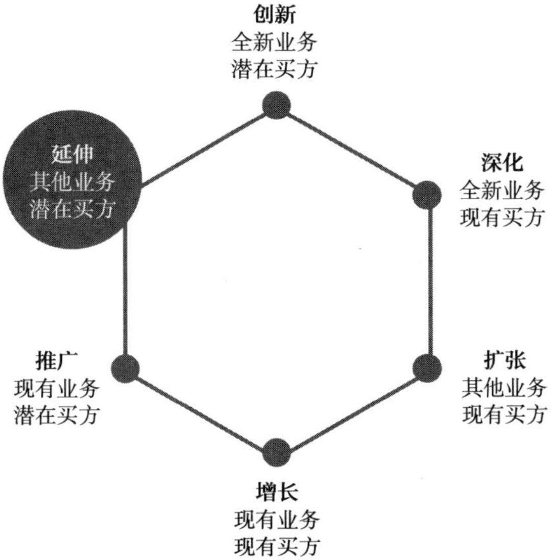

在这个案例中，你正在尝试机会开发延伸模式——与你不认识的人建立信任，并针对以前从未与该客户合作过的业务类型建立信誉。你的电子邮件可能会这样写：

嗨，艾伦：

写这封信的原因是，我认为我可以帮您从安全的角度加强现在使用的工作描述，并减少公司在安全性诉讼方面的风险。

在过去的三年中，我一直与你们公司的首席安全官蒂姆·奥布莱恩合作，重写公司用于培训新员工的安全手册。自该项目启动以来，对嘉和职业安全与健康标准的诉讼减少了16%，更重要的是，各个工厂的无事故工作日增加了31%。

在与嘉和合作之前，我在国家职业安全与健康管理局担任了20年的农业领域首席检查官。2000年，我带领团队重新制定了该行业的标准，并担任了五年的国家职业安全与健康管理局的总法律顾问。

在与蒂姆的工作中，我有机会了解了许多嘉和的职位描述，这些职位描述在您接管公司的人力资源管理工作的前10年曾进行过更新修订。我确定了一些简单的修订内容，可以增强职位描述，并更好地保护公司免受毫无根据的安全投诉或者诉讼。我想，这是一个小项目。我认为我可以在不到一个月的时间内重新编写嘉和1 300个职位描述中有关安全语言的内容。

我目前在斯普林代尔（Springdale）的现场工作。您是否同意我下周到你办公室去，讨论一下在当前职位描述库中 看到的三个漏洞实例？如果您同意此提议，我将与你办公室的琼女士一起商量时间安排。

祝好！

乔治

邮件内容提出了一些明确的观点，有助于建立信任和信誉：

- 我的消息来源可靠，因为我与艾伦的同事蒂姆密切合作（艾伦应该会继续阅读下去）。
- 我已经为嘉和完成了相邻领域的工作（我与蒂姆合作的项目就是安全项目）。

• 我做得很好（这些指标非常出色）。

• 你可以信任我（我已经为蒂姆工作了三年。如果他不信任我，就不会坚持下去。而且，你会得到嘉和的支持。你不是要推销一个新的服务项目，只要确定公司有这方面的需求）。

• 我是专家，知道在说什么（我曾在国家职业安全与健康管理局工作并起草过相关标准）。

• 我会带来一些独特的观点，那是别人很难想到的（安全顾问有很多，但我是负责规范艾伦行业的）。

• 我已经在为嘉和工作，实际上是一名内部人员（我在公司内部工作，知道你助手的名字）。

• 我知道你的需求（因为我是内部人员，所以我知道你有1 300个职位描述，且我对可以改进的地方持有观点）。

• 我愿意过去拜访，免费告诉你那些需要改进之处。

你如果是嘉和的首席人力资源官，那么很难不参加这个会面。

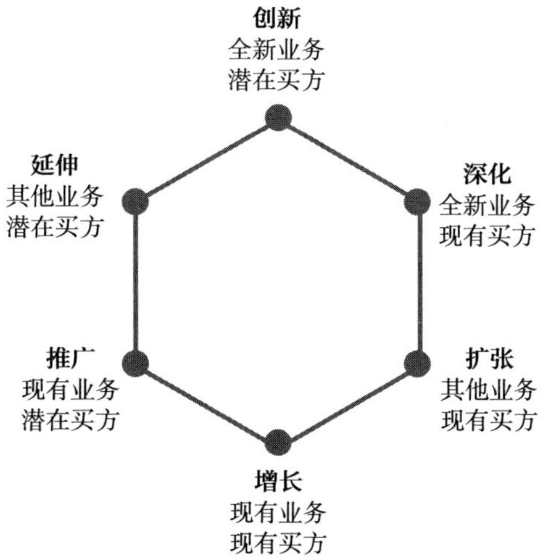

夸耀一点点

史蒂文斯教授说："企业和组织在向客户解释方面做得非常糟糕，'我只为你做增加价值的事'。"史蒂文斯是对的，但是最好的权威专家认为，要将与买方合作的成功转化到故事中去，以便可以告诉客户公司中的其他人。作家及建筑师亚瑟·甘斯勒补充说："大多数人发现很难完全诚实地对待自己所创造的价值。"我们努力地不让自己成为这样的人。但是，吹牛是一回事，诚实地对待我们所创造的价值又是另一回事。这是一个可以讲的故事——客户出现了问题，我们具有一些这方面的经验，帮助他们解决了问题，现在他们很高兴，或者如注册会计师迈克尔·麦克劳克林所写，我们的任务是"帮助客户了解他们的目的地、到达目的地的方式，以及我们在故事中的角色"。

但不要成为主角

故事是开发业务的基石。剑桥集团的克里斯·佛斯迪克赞同道："我卖出的很多业务，都是通过以前成功为客户服务的故事实现的。"关键在于必须是从客户成功的角度开始，而不是从我们专家能力的角度。

我们中的许多人在叙述故事发展时，可能将自己描绘成其中的角色。如果是成功的故事，我们很自然地会将自己置身为主角，想象大规模项目成功结束后参加的庆祝活动。但是作为专业服务提供者，我们不是主角。我们应该把自己设想成欢呼者，为客户冲刺终点线鼓掌叫好。如果我们被提名获奖，最好就是最佳配角演员。为了促进客户开发的增长机会，专家应该寻找各种方式，使买方看起来更好，而不是让自己看起来更好。一个好的故事总是涉及主角在做什么事，故事要包括一个明确的目标，以及主角在努力实现目标时面临的障碍。然后，故事变成了我们如何与真实客户互动，他们如何想要做成某件事，过程如何艰难，以及最终他们如何取得成功，故事的寓意始终是：**和我合作，让你成为主角**。

第 18 节
准则 7：做好提问

长期以来，心理学家一直在推测，当你给一个人某些有价值的东西时，他就会感到有动力去做一些美好的事情，以达到平衡。1971 年，丹尼斯·里根（Dennis Regan）攻读斯坦福大学心理学系的博士学位时，决定检验这一假设。里根招募了 81 名斯坦福大学新生，并付给每人 1.75 美元，作为这个美学实验的受试者。每个受试者都有一个结对伙伴参加，但是这个人不是 81 名学生之一，学生并不知道他的身份，只知道是受试者的“同伴”。实验秘书邀请受试者和同伴进入一个房间，告诉他们在那儿等着，然后离开。一段时间后，秘书桌上的电话响了，同伴开始接听。一半的实验设置是，同伴对电话那头的人很友好，说很抱歉，但是自己不是大楼里的工作人员，不知道秘书什么时候回来。而另一半的实验设置是，同伴接听电话说：“嘿！看，这里没有秘书……嘿！女士，我不在这里工作，老天呀，待会再打来吧……”然后同样粗鲁地挂断了电话，也没说再见。继续对同样两个人做平行测试，里根让同伴和受试者坐在一个房间里，对着所展示的一些艺术复制品做问卷调查。完成后，里根说他们需要几分钟才能继续，然后将测试组分成三部分，导演发生了以下三种情况：

- 同伴要求离开房间，返回时自己带了一瓶可乐，也给受试者一瓶可乐，说他们要放松一下。
- 同伴要求离开房间，空手返回。
- 里根来到房间，给两个对象都喝了可乐。

在又一次关于某种艺术的调查表之后，他让同伴给受试者写了张纸条，询问受访者是否愿意帮同伴一个忙。同伴说，他正在为他的高中出售抽奖券，如果他卖得最多，将赢得50美元。他询问受试者是否愿意以25美分的价格购买，奖品是一部新的雪佛兰科尔维特（Corvette）。然后，里根测试受试者是否购买了抽奖券。

实验结果令人惊讶。同伴在电话中是否表现不愉快与受试者是否购买抽奖券之间的相关性较弱。换句话说，无论一个人是否觉得另一个人愉快，与他们是否决定帮个忙都没有多大关系。但是，同伴是否向受试者提供可乐与受试者是否购买抽奖券之间的相关性很高，这表明当一个人为他人做些好事时，这会影响到好处是否得到回报。

该结果有时被称为“互惠法则”（law of reciprocity），通常可被用作一种操纵行为。你可能听过这么一句话：“为了让某人为你做某事，你必须先用礼物或赞美奉承他们一下。”

我们认为，在这项研究中可以找到更深刻的见解。人们遇到陌生人时，首先会迅速地收集信息，确定他是否站在自己一边，是朋友还是敌人，然后生出浓厚的求生意识，与朋友结盟，与其他人脱离接触。朋友，是从别人那里获得意想不到的价值。赠送有价值的礼物是一个信号，表明如果有任何事情发生，“我们应该成为盟友”。

比如，我们要与潜在客户交朋友，首先就要提供价值，那么随后再与客户发展业务，增长、扩展或推广，就会发现我们的工作突然变得容易得多。

通过在销售前增加价值，我们向买方发出信号，表示希望我们成为盟友，并一起进入商业之途。

学习提问的艺术

有那么多人难于开口询问他们想要的东西，这让我们感到震惊。比如，史蒂夫帮一家大型建筑公司审查其分包商协议，作为该公司总顾问的代表，这个是稳定且经常性的工作，史蒂夫清楚客户的预算周期，知道他应该向买方（在这种情况下就是总顾问）询问他的公司是否可以再合作一年。但是史蒂夫不想问，他在内心深处想："如果还没有到破裂的时候，就不要去修理它。"但这种本能是错误的。最好检查一下，确认我们是否在客户明年的预算中。然而，到了真正要提出问题的时候，许多专家都有同样的苦恼——出于对答案的恐惧。要避免这种绝望和商业化的感觉，有一种技术是将这个问题作为管理行为："最近与我的总经理会面，她想知道你是否打算继续使用我们的服务。她正在检查我们在新项目上的资源，以及是否需要招聘新人。"对客户来说，这是合理的事情。我们不是当面低声下气、乞求工作，我们只是两位专业人员之间的沟通，进行资源分配。同样地，在要求增长业务工作时，通常需要利用项目中的高级合伙人来进行这个要求。在沛思公司，我们可能会说："我们曾经讨论过将为你建立的社区规模扩大一倍，你对此有何想法？我正在核算我的团队中的人和工作，我想确定为你想要做的项目预留几个最好的交付人员。"作为基础能力，学会如何提问是非常重要的："还有什么其他的事我们可以为你做吗？"贡萨加大学的克里斯托弗·史蒂文斯教授坐在董事会上听取审计师的年度报告，他回忆道："嘿，你在这里呀！你刚刚花了四个星期来了解我们的业务，然后甩手走了。为什么不深入研究一下并且问：‘你们感到烦恼的问题是什么？有什么方式我们可以做吗？你们刚刚使用的成本核算系统如何？我们有什么可以帮助你吗？’”基于机会开发模型的增长、扩展或推广，可以提出的问题比比皆是，问题在于许多专家要么不知道如何做，要么不敢提出这样的问题。

提问之前的询问

要为客户做哪些不同的业务或新业务，在我们提出来之前，必须要先了解所提问题的特性，这需要考虑以下几个方面。

对话的性质

- **是必然的吗？** 当人与人之间的接触变得很重要时，更可能发生这种情况。比如，我们的母亲患了癌症，同事朋友的嫂子是一位权威肿瘤学家，我们不会在意这之间的联系有多弱，就拿起电话去寻求建议。同样，如果联系对于寻求帮助的人来说意义重大，联系发生的可能性就会增加。汤姆是和平队的志愿者，他说：“对我来说，这是塑造性格的经历。我从不拒绝那些正在考虑加入和平队或是志愿者队的人。”
- **有价值吗？** 当双方都认为联系是有价值的时，两个人在组织中联系的可能性就会增加。想想看，在阿巴拉契亚小径（Appalachian Trail）上的两个远足者，他们之前从未交谈过，直到午后吹起狂风下起暴雪，他们被迫蹲坐下来，在暴风雨的夜晚，躲进避难所，避开掉下悬崖的危险。随后，他们开始聊天，最初，他们认为交谈对彼此没有好处（也许有陷入无休止、毫无意义的对话的风险）。然而情况发生了变化，他们担心自己的生存，因此开始接触，因为他们突然渴望获得任何信息或了解。同样，两个人之间交换的质量越高，未来交换的可能性就越大。

关键点：向关键客户买方寻求业务增长模式，或者寻求介绍给客户公司中的潜在买方，我们必须记住问："这对他们有什么好处？"我们明白这对我们的好处是什么——更高的收入、绩效奖金、增加的合作伙伴分红以及首席执行官在聚会上颁发奖杯等，但这是不够的。必须记住的是，如果买方看到这种联系对他们而言是必然的并且是有价值的，那他们就有可能代表我们去跟他们组织内部的其他相关人联系。

让我们看一下可能发生的情景是什么：

- **好：**"简，在我们的合作过程中，我看到你同事运营的呼叫中心有机会将费用削减20%。可以帮我约一下，一起讨论吗？"
- **更好：**"简，我们和你部门的合作很有效。建议你与其他部门的负责人谈谈，让你主导一个工作组，向其他部门传播最佳项目。这看来将是一项可以引以为豪的成就。我们花一些时间来讨论讨论吧。"

关系的性质

- **你需要越级吗？**卡文·塞吉尔（Cavin Segil）是沛思公司的一位董事，他这样阐述："有时最快的方法就是找上面。"他的意思是，客户公司中的买方不想将我们推荐给另一部门的同事，可能是出于种种原因，包括不想分享他的秘籍、感觉风险和回报不平衡等，但是这些障碍对他们的老板来说都不存在。因此专家找到一个理由去见他们的老板就非常重要了。这个老板不仅负责我们合作的部门，还负责其他平行部门，所以他不会认为我们只是现有项目经理的秘密武器，他将我们视为他自己的秘密武器。如果这个武器有用，他就会很乐意在所有的部门中推广。

越级会带来一些风险。当我们与他们的老板交谈时，我们的项目经理可能会变得紧张，实际上他可能完全插不上手。卡文可能会说：“你看，我下次来城里，可以与你们的副总裁坐下来谈谈吗？我想了解他如何看待我们的项目，再一起动动脑筋，看看我在其他方面可以提供什么样的帮助。”

她可能会说：“我看看我能做什么。”然后，什么也没做。

另一种选择是我们自己去找老板，但感觉不太好——好像我们在离间客户内部关系。即使我们并不认为这样做是在破坏项目经理的权威，但他们可能会有这种感觉。

解决此问题的方法是引入援手。我们将自己视为项目经理的同伴，让我们的老板跟项目经理的老板成为伙伴。构建这种简单的关系结构，就是专业服务公司普遍使用“高级合伙人”“项目管理模型”等的原因。我们先完成了项目交付，然后“高级合伙人”突袭而来，“向客户报到”。这似乎是履行一种烦琐且不必要的监督功能，但它却是一块跳板，展开了扩张业务的对话。

雅各布可能会去拜访卡文项目经理的老板，并说：“很高兴为你做了这个项目。听说你指派管理我们团队的年轻人是位明星员工，我这边的每个人都说他负责了整个项目。哪天我们一起吃个饭，你告诉我如何找到这样的人。嘿，你还要告诉我，你是如何管理这些部门的，卡文跟我说，你还管理另外5个在不同地区的市场团队……”

这就是高级合伙人的任务：检查客户满意度，必要时纠正项目进程，并在项目负责人的老板领域寻求扩展新业务。

- **知道该打电话给谁吗？**当我们不知道人际网络中有谁能解决问题时，通过网络的沟通就会很慢。汤姆在大丰收特许经营公司（Great Harvest

Franchising）工作时，发现了一种实时改善复杂的内部专业知识网络的方法。汤姆指出：“我们根据面包店经营者在 7 个不同业务领域的相关专业知识，对他们进行了高低排序，这就增加了流量，因为客人知道了该找谁。”

• **公平吗？** 社会学家报告说，在一个社区中，如果有人感觉到别人可以以超乎寻常的方式获得报酬，他就会觉得这个社区不公平，那么他很可能不会跟小圈子外的人接触了。

• **是互惠的吗？** 如果你对我们是实实在在的好，我们就会感觉“欠”了你，并会想方设法对你实实在在的好。筹款人经常利用这一点，先给你送一份“礼物”，希望由此产生精神上的不平衡，让你用捐赠来“纠正”。这类似于本章开始的里根实验中概述的原理。

• **联系牢固吗？** 长期的、深厚的、个人的关系，增加了两个人之间传递好想法的可能性。具有强联系的网络比具有弱联系的网络拥有更大的流量。后期圣徒会选区（Latter Day Saints Ward）中的信徒，跟交通协会的工程师相比，更有可能相互交换生意信息和饮食信息。也就是说，强关系并非总是合乎情理的。里德·霍夫曼（Reid Hoffman）在创立领英时，就断言强关系可以被促进建立，如果他认识一位来自夏洛特的软件工程师，这位软件工程师又认识一位来自米兰的歌剧演员，而歌剧演员又认识一位意大利的国会议员，那么三个牢固的关系之和就等于具备了一种能力，可以推荐给议员。但这并不是事实，我们可能认识前参议员马克斯·鲍克斯（Max Baucus），也认识前总统巴拉克·奥巴马，但这并不意味着我们下周能与奥巴马在菠萝和明珠餐厅（Pineapple and Pearls）共进晚餐。随着连接向外扩散，从第一个主要强连接中得到的连接力度就会逐渐减弱，强关系很快就变成了弱关系。

• **他们平等吗？** 如果网络中所有节点都明显平等，则彼此之间的信息交换频率就会更高。沛思公司的重要规则之一是，当我们帮客户组织同行团体一起活动时，要确保该团体内的成员视彼此为同级。一家市值20亿美元的时装公司的负责人不想加入一个团体，因为其中有盖璞服装公司（Gap）的密尔沃基商店经理。

关键点：了解我们买方的真实人际网络，不仅仅是了解企业组织结构里所显示的网络。是的，从理论上讲，利用企业内部通信软件，现有买方可以帮我们联络到我们想要合作的同事，但这并不意味着他们会这样做。**我们要特别询问的是，公司里谁是他们的“朋友”，这些人才是他们真正的人脉。**我们以为，他们可以轻松地将我们介绍给其他部门的领导，但是组织结构图下隐藏着竞争、厌恶、宿怨和疏远。取而代之的是，我们希望找到老的关系网络，然后沿着这些线索找下去。比如，我们的目的是见到食品部门的市场分析负责人，但我们了解到，我们的买方因过去的一些芥蒂，不太愿意出面，但不要担心，通过我们买方在健康和美容部门的好朋友，仍然可以达到此目的。

我们所有提供专业服务的人都处在一场漫长的竞赛中，对我们的买方而言最可靠的推荐途径是最简单、最舒适的途径。

回报的性质

- **投资是否可观？**赌注越高，我们使用的关系网络就越多。付费网络为强联系，免费网络为弱联系，相类似地，扑克玩家更有可能热衷于高前注加低下注的游戏，而不是低前注加高下注。
- **令人满意吗？**人与人之间的交流所获得收益的时间越短，再次联络的可能性就越大。行为社会学家乔治·霍曼斯（George Homans）在描述社会交换理论（social exchange theory）时写道，“当人们得到奖励时，网络中人们之间的联系就会增加，而获得奖励的频率越高，将来进行交流的可能性就越大。”

• **价值驱动力是什么？**大卫·艾伦（David Allen）在他的精彩著作《尽管去做：无压工作的艺术》（*Getting Things Done:The Art of Stress-Free Productivity*）中写道，“在考虑要完成的工作时，需要定期更改我们的‘高度’，就像一架喷气飞机一样，可以很容易地从地面掠过拉升到45 000英尺。”

在最低层次的工作完成后，我们要问自己“下一步是什么”，一点点地扩大待办事项列表和日常议程的范围。到了最高层次，我们又要问自己，“我的人生需求是什么？”或“我的遗愿清单上有什么？”。

专家能在不同高度飞行，这是非常有用的。日复一日，我们都在项目管理树上忙碌着。在10 000英尺处我们问自己：“我的客户想要得到什么？我如何建立一支有用的团队？”在这个空气稀薄的地方，权威专家告诉我们，他们要整体地考量这个公司：“这家公司如何在市场上创造价值？他们作出了哪些战略选择？他们没有做什么？他们在发展方向上将有什么样的颠覆？他们应该如何做好准备或将自己定位为行业颠覆者？”

这应该是任何**客户开发计划的顶层目的，不是仅仅考虑“我们可以提供什么卖给他们？”，而应该是“这家公司要去哪里？我们如何帮助它到达那里？”**。

这里有一个简单的航空道理：我们飞得越高，看到的机会就越多。

关键点：测试客户的激励机制以获得内部推荐，这是很容易的：我们只是要求推荐。但我们的要求并未得到响应，还可能会有一堆理由或借口，这表明，他们的员工对整个公司作出的贡献是没有任何奖励的，他们被限制在自己狭窄的领域里。这意味着，我们想为客户提供公司层面的服务，如果请求现有买方提供帮助，但他们并不能获得好处，他们所看到的只是增加了风险、工作量和不利因素。但是，我们可以改变这种状态，权威专家报告说，他们谈合同的前期常常问客户：**“如果我们能将绩效指标提高20%，你是否同意把我推荐给两个其他部门的同事？”要求的“优待”与令人高兴的事件，就有效地联系起来了**。同样，我们也已经看到过，专家向买方承诺，如果能够在公司其他部门推广成功，就可以享受“团购折扣”。

如果我们做好了工作、做好了激励、用好了团队、讲好了故事，与客户和同事做好了朋友、做好了倾听，成功地完成了业务项目，那么“提出请求”就应该很容易了。这都始于“我们如何提供帮助”，我们已经为客户增加了价值，这让我们有可能提出请求，落脚于如何为整个公司中更多的、不同的新业务或人员增加价值。

我们的请求向谁提出、何时提出以及如何提出，这里都是有精细的考量的。作为专家，我们的任务就是要提出请求。

我们有义务确保，代表最重要的客户做出最好的成果，这都始于这个简单的请求。

现在，在介绍了权威大师的专业实践后，我们将注意力转移到对专业服务行业而言以上所有实践意味着什么——我们的组织方式、技术利用方式，乃至整个行业生存的理由。

06
第六章

变革的种子

第 19 节
同行的力量

埃罗尔·赖斯（Errol Rice）弯腰趴在办公桌上，盯着一份简化图表——面试记录和高管电话会议名单。他自顾自地抖动着大腿，也不理会办公室玻璃门外来来往往的员工。大楼外，布里奇山脉（Bridger Mountains）吹来阵阵山风，1 月中旬的雪云厚厚地覆盖着远处的山峰。

还有 10 分钟，埃罗尔准备接听电话会议。他负责致同会计师事务所（Grant Thornton）的制造领域业务，沛思公司与致同签了约，帮致同建起一个客户首席财务官社区，为制造行业的业务发展提供服务，埃罗尔的工作是推动最佳项目讨论。他事先分别与每个客户的首席财务官沟通，询问他们的兴趣和优先事项，然后将收集起来的问题用于今天的讨论议程。

他的卡哈特夹克衫挂在门边的钩子上，上面仍然粘着雪。埃罗尔的瘦弱、短发、刻着风霜的脸颊，给他带来了质朴、诚恳的感觉，像骑士版本形象的阿迪克斯·芬奇（Atticus Finch）——名著《杀死一只知更鸟》中专业、正派、追求正义的律师。

埃罗尔曾是个牧场小子，加入沛思公司之前，他主持了蒙大拿畜牧协会（Montana Stockgrowers Association）。他曾作为牛羊生产者联盟的代表面向国外市场、金融市场、监管机构和国会。这是一个理想的背景，让他在会议上有权发声。

他的任务是：对于将要加入会议的首席财务官来说，让这一个小时的会议产生有用的结果。

在他的办公室外面，后台行动已经全面展开，会议线路及其多个备用线路已准备就绪。与埃罗尔合作进行此项目的高级项目协调员温迪（Windy），正在看着她的监视器，查看接进来的与会者的编号和姓名。其他地方，其他项目协调员团队坐在他们的电话旁，呼叫那些预定加入但可能已经忘记或正被耽误的人。会议线上的电话响了。

“嗨，我是埃罗尔·赖斯，刚刚是谁上线来了？”

最早进入的是致同会计师事务所的老板，我们客户制造业项目的领导。他非常期待这次季度会议，准备花一个小时时间，直接与他的许多最重要的客户和潜在客户进行交流。

“嘿，埃罗尔。看起来我们今天的议程挺大的，有任何更新吗？”

“有一位成员是最后一刻才参加进来的，另外有两名首席财务官，但实际上他们今天早上才调整出日程表，以便他们能参加。我们预计今天会有一大批与会者。”

另一个接入的铃声响起，这是一位致同的主题专家，提前了几分钟上线。在与与会者进行的前期访谈中，首席财务官告诉埃罗尔，他们想谈谈网络安全问题，因此会议主人邀请了一位致同制造产业中的网络安全关键专家加入此次电话会议。她不会发表演讲，但她希望在整个会议时间里能自然地将自己的专业知识、问题和观念编织到对话中去，为与会成员增加价值。

接下来5分钟，正好到正点时间，十几位高管加入了此次电话会议。埃罗尔坐在椅子上，表情严肃，感觉到自己的脉搏在加快。“会议的前几分钟让我想起了在丹顿踢足球时的开幕式，肾上腺素帮我集中了精力。”

现在演出开场了。

> 谢谢大家参加今天的讨论会。这是你们的会议，感谢各位在此之前花时间与我沟通，以确保你们的问题已进入了议程。在会议开始之前，我想将话筒交给我们的主办方致欢迎辞。

当主办方致欢迎辞并介绍致同会计师事务所时，温迪查看了已加入的高管名单，发现有四位首席财务官迟到了。她曾与这些首席财务官的助理一起，努力让这次会议排进他们的日程表，但她也知道，这些天正是这些高管们忙碌的时候。她给手下的项目协调员分配了名字，让他们赶紧打电话联络。

> 嗨，我是克里斯汀，我代表致同制造业首席财务官会议的埃罗尔·赖斯给您打电话。我想知道，乔治此时是不是无法拨进电话会议？

这些沟通的回应，通过即时通信APP与埃罗尔实时共享，因此他可以相应地调整他的会议流程。“乔治迟到了10分钟。”“莎莉无法来了，她被首席执行官拉走了。”“珍妮的助手说她的航班延误了，但她计划着陆后立即拨入。”

埃罗尔调整了一下耳机，在主办方结束介绍时，埃罗尔选定了一名会场中的首席财务官，让后台接通他的频道，向会议提问，开始对话。

这位成员开始说：“谢谢，埃罗尔。我的问题很简单，你们所有人都在使用什么样的数据安全流程，来管理新设备的启动？由哪个部门主管管理？如何管理？”

很快，埃罗尔的会议就进入了正题，其他首席财务官迅速跟上，高管们都想互相帮助——他们是同行。

“一旦我提出一个问题，高管们就会作出回应，包括他们自己的经验、建议和提出问题。”埃罗尔说，“我的任务是提醒与会者提问，进行一次富有成效、有帮助的对话。也许会有冷场的时候，那时我就要寻找吸引客户参加对话的话题，确保突出他们的专业知识。通常在会议进展到1/3左右时，或者在某个时间点，与会者可能会有些沮丧，若同行中没有人有灵丹妙药，我就会转向中小型企业求助，说：‘格洛里亚，你在市场上看到其他公司对此做了什么？’这就给了这人一个机会，让他准备一下，提供他的观点，使他成为这个话题的首选。”

之所以详细地介绍这一电话会议过程，是因为我们相信这种系统是促进与客户互动的最好的单一工具之一，可以将客户和潜在客户聚集到一个虚拟的同行社区中。在同行之间互动交流的过程中，同行之间的定位是专家，而不是销售人员，更多的是值得信赖的顾问。

关于这一点，可乐公司的罗伯·本森（Rob Benson）说：“这就是我们所有人想要的，对吧？这就是我们所有人想要成为的——可信赖的顾问。”

跳级

哈里·华莱士（Harry Wallace）于2001年创立了沛思公司，在此之前他在安达信会计师事务所工作，并担任业务开发部国际执行总监。他非常热衷于学习如何建立信任。

杰夫·贝佐斯（Jeff Bezos）得出的结论是，买方信任相关数据，比如客户评论或基于算法驱动的建议，远超过了他们对销售人员的信任。另外，人们会相信自己的直觉，以及家人和朋友的建议。再就是，买方信任同行——与他相同处境的同行。接下来，他们会寻找公共性质的专家，比如测试实验室、高德纳或对这个行业有研究的教授。只有在这之后，他们才有可能求助于商业性质的专家顾问，他们具有相关经验，但也带有商业目的——要开发新业务项目。对于买方来讲，最不值得信赖的人是销售人员，他们常常带有商业目的（即有销售指标），却没有这个领域深厚的专业知识。

信任坐标轴

在与买方和潜在买方沟通时，使用同行对话是非常有力量的，它让项目主管“连跳”两个等级，从带有商业目的的专家变成同行这一强势地位。

这导致一些专家的思维发生了转变。第一个本能变化可能是在演讲方面——谈论自己或他们的能力，以期有所帮助，但销售人员也会这样做，从他们的销售手册中读出自己可以做的事情。在我们跟客户的前期沟通中，沛思公司会指导客户提出下一层次的问题，以展示我们的专业能力和对客户的关注，再讲述一下相关的故事，关于其他公司高管如何处理类似的问题等。不能把公司视为一个水池子，打开水龙头所有的专业能力就哗哗地流出来，**专家要学会将“自我”从公司业务中摘除，**这是非常有益的，这促使他们成了另外一个聪明的人——正在与同样的问题搏斗的同行。

跟进

埃罗尔准点结束了电话会议。他对会议的考虑是：“这些人都很忙。肯定会有一个紧接一个的日程安排，甚至可能有多重预订。如果希望他们下一次能继续参会，我们就必须尊重他们的时间。”

会议结束后，他立即拨入另一个电话会议，向致同团队做汇报。

> 就像刚刚举办了一场聚会，他们想确保每个客人都出席了并都度过愉快的时光。这就是我们为人的本性，对客户来说，感受最深的通常是参加会议的人数和是否感到了热情。他们可能会评价说“人真多”或“太糟糕了，华莱士今天没来”或“非常生动，每个人似乎都兴趣盎然”。我的任务是，设法引导他们认识到所获信息的本质意义。有时候，会场冷清了，大家陷入了深思，我就要插进话来。或者，几个成员线上对话，显示出我们客户可能有提供帮助的机会。
>
> 我提出的第一个问题是：“有什么突发情况向你们求助吗？”如果首席财务官说：“有啊，吓了我一跳，头发都竖起来了，我们的首席信息官对我们要买的和已有的设备并不关注，坚持说云安全性是重中之重。”那就需要一个后续联络，我表示自愿承担，代表客户去安排。
>
> 接下来我问，他们是否听到过什么主题是他们考虑可以创建的服务。他们只是听到买方说出了很多痛点，我试图引导对话：“我们如何提供帮助？”
>
> 我问公司负责人，在这个主题上是否已经有引导性思想？如果他们有最新的白皮书，与我们刚刚讨论的主题相关，我们就建议客户跟这次电话会议摘要一起发送出去。

最后，我问了一下大家的旅行日程表。我知道所有首席财务官社区成员的所在地，如果有人要去图森，而那里有一位高管不在电话会议上，我就会问客户是否需要帮助安排会见。

埃罗尔对这种特别电话会议感觉非常好，我们称其为“沛思高度”（PIE high）——就是一种感觉。我们完成了一次会议，知道我们的辛勤工作获得了回报，既为社区成员也为客户带来价值。帮助别人是非常快乐的，特别是在经历一场像高空走钢丝般的演出中。

秘方：第三方跟进

我们已经看到，由像沛思公司这样的第三方服务商牵头，安排成员与客户主题专家之间的后续会议是非常有价值的，并且给专家减轻了负担。这就是沛思公司的秘方：第三方跟进。

- **由沛思公司出面是安全的：**我们向那些与会高管发送电子邮件，会这样写：

我只是想跟进一下昨天在我们的会议上围绕你表达的与首席信息官进行网络安全沟通时所遇到的问题。你的论述确实与致同主办方产生了共鸣，她想知道是否可以与你建立一对一沟通？她可以分享自己与其他客户合作过的策略。

他们几乎都会说好。我们回应了一种可感觉到的需求，并且在他们表达需求的第二天就开始这样做，所以他们表示赞同。如果他们拒绝了（有时也会有这种情况发生），也不会伤到他们之间的关系——他们只是在拒绝一个中间代理。

- **沛思公司会这样做：**专家很忙，待办事项清单很长。他们需要的参与机会，会推送到他们的日程表上。

- **沛思公司保护这个社团：**这个社团不可以被视为销售论坛，或专家兜售商品的平台，这一点非常重要。让中间协调人出面，向客户或潜在买方请求后续联络，可以保持社团的完整性。

前提

在沛思公司，我们信奉专业服务的基本原则是“第一，增加价值”。专家面对最想服务的客户，应努力寻找提供价值的方法途径，然后再寻求将自己视为专家伙伴的方法途径。与最想提供服务的客户打交道，程序上不会是这样的：

- 与这个人会面。
- 聊一聊。
- 告诉他们你是做什么的。
- 询问他们是否有办法，可以采用你的服务。
- 如果是，请说声谢谢，邀请他们参加由你主持的客户会议。

程序上只能是这样的：

- 与那个人会面。
- 聊一聊。
- 问他们是做什么的。

- 邀请他们参加由你主持的相关专题最佳项目会议。
- 了解他们。
- 寻找他们所说的自己面临的挑战。
- 寻找你在提供帮助的独特位置。
- 询问他们你怎么做才能提供帮助。

沛思流程就是构建在这个简单事实的基础上。同行团体帮助客户公司，为他们的客户或潜在买方提供有价值的东西，这是迈向合作阶梯的第一步。从时间和技术的角度来看，有价值的东西是免费和方便的，与类似企业规模、类似岗位以及相同工作的人保持联络，这是高管都重视的机会。

争取更大的邀请

"与项目主管交流时，关于沛思方法的最常见问题是：'为什么要打电话？晚餐不是更好吗？'"埃罗尔说。他的"沛思高度"已经变缓了，当他向后靠在椅子上时，他看上去很放松，尽管他仍在盯着墙上的钟看，以确保他能提前 30 秒接到下一个客户的电话。

> 事实上，晚餐确实是更好的，我们都知道这一点。与客户或潜在客户喝几杯酒和"掰面包"当然是最好的融合方式，它有助于建立信任，使项目主管有机会与客户建立个人联系。

晚餐也可以用来挖掘高管正在经历的挑战，提供机会分享你解决类似问题的各种经验，从而在客户面前增强你的信誉。

有谁不愿意一起喝一杯黑比诺酒，而只是简单地打个电话呢？

事实证明，还真有很多人不愿意。你的客户和潜在客户，在他们的生活中都是忙碌的人，当你还不认识他们时，邀请他们一起吃饭可能会有些冒昧，且没有价值。你基本上只能说：“我请你享用一顿精美的晚餐，你可以听听我的推销吗？”答案有可能是可以，但更多的是得到这样的回答：“我刚刚从亚洲回来，每晚都在外面吃饭。我需要一些时间和家人待在一起。”

比工作日晚餐更大的邀请，是你们公司每年在迈阿密海滩举行的大型峰会。任何时候，你向客户或潜在客户提出预计的旅行计划，都是立即降低被接受的可能性。不舒服的床，需要花费很多钱，最重要的是，要花时间，放下其他的事情。

还记得你上大学时迷恋上的那个政治科学课程中的男孩或女孩吗？你想更好地了解他们。你可能一瞬间想过在附近叔叔的湖边小屋里度过一个周末，但是你始终没有邀请他们周末来进行第一次约会，因为这个邀请太大了。

取而代之地，你可能会转向他们，吞咽下一口焦虑，然后说：“下一节课很难，这个星期你想不想去喝个咖啡，对一下笔记？”这样做的理由是，每本飞行杂志上刊登的约会服务广告，称“仅仅是一顿午餐”（It’s Just Lunch——其实，这是全美排名第一的个性化婚介服务商）。在小孩时人们就知道了，人们总要先试试水，在度过一个湖边周末之前，先试一试“一顿午餐”。

你的任务，就是要在已经合作过的客户公司中认识新买方，发出邀请，给予他们真正有价值的东西（比如一个实时询问同行的平台），排除所有不肯说“是”的借口（比如出差、费用、时间、技术等问题）。

在沛思公司，我们邀请高管参加的一小时电话交流会议，取得了巨大的成功。高管可以从任何地方拨打电话，只需使用他们的手机，不需要任何复杂的技术——有些技术可能不是人人都能用，只需一个小时，而且是免费的。

最重要的是，这个会议非常聚焦专业，一位参加圆桌会议的首席财务官告诉我们:“这一个小时，就像我飞往伦敦参加为期三天的首席财务官峰会，是整个旅程中最好的60分钟。”

因此，要回答埃罗尔与项目主管交谈时遇到的问题“晚餐会更好吗?”答案是肯定的，只是在信任坐标轴上还差几个等级。首先，要增加价值，让你有底气对高管说:“我们在电话会议里结识了，真是太好了！我下周要去西雅图，很想当面看看真人，我们一起吃顿晚餐好吗?”

帮助客户开发机会

沛思流程可帮助我们的客户更佳地定位自己，作为专业服务提供商，扩大信任和信誉，从而与他们聚集的同行社团成员一起跨越整个机会开发钻石模式。

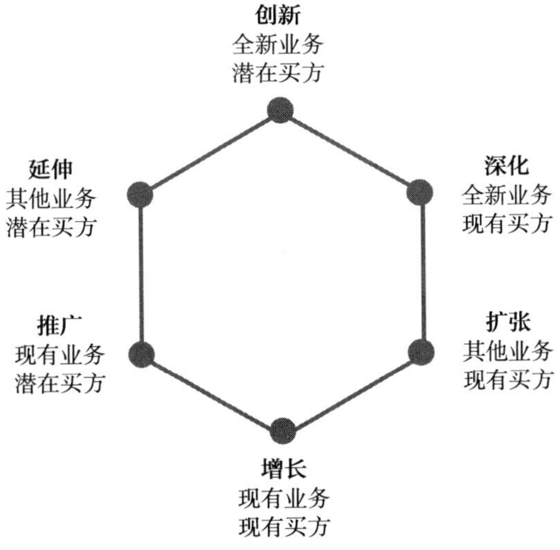

- 建立新买方的信任，在寻求业务回报之前，先倾听，提供增值。
- 同行交流为专家提供了一个平台，向潜在买方展示他们的各种专业能

力，在合作之前，赢得专业能力的信誉。

• 间接地开始获得信任和信誉，在同行讨论中听到第一手的故事，我们的客户如何成功地帮助了社团中的其他人。高管会想：“如果所有同行都相信他们能做得很好，我也应该相信。”

• 通过持续的合作交流，紧贴成员的需求，使他们处于最佳位置，协助进行任何类型的工作。

沛思公司的合作伙伴是如何通过举办同行交流会议最大限度地利用机会来帮助客户的呢？以一家公共会计师事务所为例，他们与沛思公司合作，主办《财富》250 强首席税务官（CTO）同行交流会议。假设有一家大型能源公司的首席税务官被邀请，她目前是这家会计师事务所的客户，但迄今为止仅购买了少量的州政府合规工作，双方合作业务做得很好，但未能进一步发展新项目关系。这次就是机会了。

• 通过紧贴她的需求，获得机会**增长模式**，做更多相同的税务合规工作。在前期沟通和季度会议期间，发现首席税务官正在寻求合作想将其他州的合规工作也外包出去，而这个事务所就成了这个项目的首选公司。

• 在同行交流会议的前期沟通中，首席税务官提到在计划未来几个月进行收购，但届时两家公司的税务团队仍是保持独立的，因为被收购公司所处的州对企业运营税务合规的要求不同。由此，专家看到了一项业务优势，即在两家公司之间统一进行的州税合规工作，因此，她推动客户与即将收购公司的首席税务官保持联系，鼓励他们也使用相同服务提供商来实施州合规事务，从而赢得了基于**推广模式**的业务工作。

• 一次年度会议的主题着重于国际合规性，尤其着重于一些首席税务官及其同行在英国面临的问题。公司引入了一位新近聘用的专家参加讨论，这位专家来自英国税收和海关局（Her Majesty's Revenue and Customs，HMRC），他在英国税收制度方面的知识和指导，令各位参会成员赞叹不已。公司由此赢得了客户基于**扩展模式**的业务工作，首席税务官希望邀请这位专家向自己的团队提供与英国税务合规事宜相关的建议。

• 有一次年会，讨论主题集中在亚太地区的税务审计和争议上，信息丰富且乐于助人的主题专家再次登场。会议结束后，客户的首席税务官询问他的亚太地区（ASPAC）税务主管，问他对目前为该地区解决争议问题的顾问是否感到满意。亚太主管回答说最近实际上感到非常沮丧，觉得目前在亚太地区正在进行的审计工作非常差。首席税务官让他与交流会议中的主题专家保持联系，建议他们探讨未来的合作，基于**延伸模式**的结果，事务所获得了亚太主管的聘请。

• 经过大约一年的交流活动，主办公司邀请首席税务官会议成员在纽约聚会。各位成员都对该社区活动很投入，渴望能亲自见面交流，并愿意花费更多的时间。他们知道，在晚餐中进行的讨论非常有价值。我们的首席税务官也参加了，在晚宴上，热门话题是机器人与未来税收技术，主办公司提到他们迄今为止在多个税务部门取得的成功，以及他们与有兴趣的公司一起试行其他新技术的方式。在过去的一年中，首席税务官赢得了广泛的信任和信誉，因此选择加入该试点计划，与客户公司进行**深化模式**的合作。

• 他们正在讨论的试点方案，可能会对整个财务职能产生影响，从而让首席财务官成为此专业服务的合适买方。首席税务官热情地介绍并强烈建议首席财务官参与这项基于**创新模式**的工作。

客户机会开发钻石模型是专家的最好朋友。我们正在寻找六种不同的增长机会，不是指钻石的切割、颜色、净度和克拉，而是指增长、推广、扩张、延伸、深化和创新。

第 20 节
渠道的力量

销售团队和市场营销团队之间的利益竞争纠缠不清，非常痛苦，难以调和。这就是为什么我们将企业内部的销售和市场营销之争称为内部战争的原因。

詹姆斯·鲍德温（James Baldwin）有一个咨询项目，专注于帮助零售商购买、定制和使用销售点系统（POS 机），以提高流程效率和供应链的可视化分析。他的工作成果包括提供分析报告、改变产品结构、重点促销，以及增加营收。从新兴的炸玉米饼品牌到缝制产品供应链，他都有丰富的经验。

鲍德温正飞往达拉斯，与一家特许经营客户进行协调，向 600 个加盟商推出 POS 机系统。我们追上了他，他分享道："品牌之所以难做，是因为需要加盟商动用资金来购买他们的系统，努力向加盟商的咨询委员会和营销委员会阐明其投资回报。"特许经营商聘请鲍德温来评估他们迄今为止的投入，深入了解加盟商的经济运营状况，在即将进行的"100% POS！"活动中，建议应该说些什么。

"我是独资经营者，"鲍德温说，"这意味着，我会自己动手做一切，包括网站、商业计划书、有针对性的推广、引导性思想、演讲以及各地推广。实际上，这些就是客户的具体工作，这可能是全部包办。"

鲍德温的脚站在一个“A”字上。他正在努力建立意识和理解力，评估利益，建立信任和信誉，并随时待命，等待他的客户和潜在客户做好准备，适时行动。

他说：“我认为销售和市场营销是不能分开的，在建立渠道和业务方面，这些都要用到。”

鲍德温并不是孤例，大多数小型咨询公司的领导都是这样被逼地、必须地成为多面手，他们也经常求助于小型企业专家。

迈克尔·格伯（Michael Gerber）就是其中之一。迈克尔所著的《突破瓶颈》（*The E-Myth*），销量超过200万册！这是专为小企业主撰写的有史以来最成功、最有影响力的商业书籍之一。这本书及其后续版本，以及衍生系列书籍，均建立在迈克尔创造的一句话上：“工作在业务之上，而不是在业务之中。”这个理念源于，人们进入商业领域，常常是因为他们擅长某些事情。然而，在专业服务的业务开发和管理领域，就需要教会其他人去交付价值，而不是仅仅增长规模——这就是迈克尔所说的“工作在业务之上”。

我们认识的一位律师，曾在辛辛那提市（Cincinnati）负责联邦百货公司（Federated Department Stores）的租赁业务。她退休后，开始为其他大型零售商提供租赁业务咨询，很快，她飞赴全国各地，寻找地点并与房东会面，代表中型零售商进行租赁谈判，在当地建立租赁业务。

退休后两年，她的收入已经赶上了她在企业时的收入，并且很高兴地告诉她的联邦朋友：“我正在忙于咨询业务呢！”。

麻烦在于她感到被困住了，所有时间都花在回复电子邮件、安排旅行、参加电话会议以及起草合同上。她花费100%的时间“在业务之中”，已经没有时间建立“工作在业务之上”了。她太忙于提供她的专长给客户，而这是无法扩展的。

她的背景是租赁业务，她整个职业生涯都在联邦的舒适环境中从事这一专业实践。现在，她不需要申请营业执照，不需要自己做账，更不用创建网站、推动社交媒体、发布、销售、维护渠道，或者其他许多销售和营销岗位的事务，原本这些事务构成了“业务之上的工作”。

这就是为什么小企业顾问经常建议他们的客户将市场营销外包以增强他们的技能的原因。

安妮塔·坎贝尔（Anita Campbell）为《小型企业管理》（*Small Business Administration*）撰文说：

> 作为一家小型企业，外包可以使你完成更多的工作，将重要的任务和流程委托给专业人士，而不必显著地、实际地扩展你的全职团队。这样可以让你控制成本，提高效率，并专注于你真正喜欢并擅长的业务部分。

但是，一次又一次，我们发现，**专家提供市场营销外包服务，可能会产生意想不到的风险——业务开发会被忽略。**

鲍德温说：

> 我雇用了一家市场营销公司来帮助建立我的公司。他们做了很多定位工作，设计了徽标，印刷了名片，启动了网站。一切都很好，但是并没有给我带来新的业务。这就像经济学上所说的沉没成本，由于过去的决策已经发生了，则不能由现在或将来的任何决策改变。他们问我是否满意，我说我想呀，市场营销公司好像帮不了我的企业成长。这话让他们感觉有点不舒服。帮我注册集客营销（HubSpot）网站，

发送电子邮件，跟踪企业白皮书的下载，这是他们要我写的，说这是“需求挖掘”，他们相信这能给我带来市场营销线索。不过，也就这样了。当我在一家大型咨询公司工作时，我也曾尝试过这样做，但结果没给我留下什么印象。对我来说，这里有大量的工作要做，尽管集客营销网站可以跟踪过程中的每一步，但到最后，并没有产生结果。在任何情况下，下载白皮书的人不是我的买方，而是一些低层次的人。因此，我对营销公司说“不”，因为它们对我的实际业务开发并没有帮助。

产品销售与专业服务的差异

业务开发和市场营销应该是企业的双引擎，推动专业服务行业增长腾飞。但相反，它们之间似乎陷入了一场冷战，无人能胜出。

产品公司需要市场营销和销售双双发展，才可能繁荣昌盛：

- 在产品公司中，市场营销总监的职责是向大型购买群体传达其产品系统的优势。首先，要考虑在更广泛的产业领域中，如何定位产品以及组合产品。涉及将市场划分为可能的购买群体，然后返回到研发和设计部门，确保产品的外观和性能对购买者具有吸引力。市场营销总监的工作是寻找将产品利益传达给细分市场的方法，如通过广告、社交媒体、聊天室、代言、网站、宣传品、渠道合作伙伴或用户口碑等。在此过程中，市场营销总监可能还希望重新设计公司徽标，以便更能“针对”目标市场，希望将品牌绑定到能引起目标市场共鸣的因素上，并可能举办高端活动来吸引目标市场（如摩托罗拉推动 MOMO 生态）。营销总监甚至可能承担（几乎）不可能的任务，即创建新产品的口碑式营销和病毒式推广。最后，他还要对工作进行跟踪和分析，利用社交媒体跟踪和影响单个客户的购买过程，看看哪些是有效的，哪些是无效的。

- 在产品公司中的工作，销售总监（CSO）的职责则完全不同。销售总监的工作是会见客户、消费者、渠道经销商、批发商或企业对企业（B2B）客户，说服买方，他们问题的解决方案不能很好地起作用，购买我们的产品是一种更好的选择。销售总监常常管理大型客户团队、现场销售人员以及销售研究团队。销售总监甚至有一个（几乎）不可能完成的工作，即精确到每分钱来计算公司收入。最后，销售总监还要跟踪和分析所有销售活动，利用 Salesforce 仪表板，提醒他关注某些事情，如西部区域出外勤指数下跌，或数据表明，从工程学校招聘的销售人员，在 36 个月后比那些工商管理硕士和营销专业的人表现得更好。

这两个岗位经常顶牛。

销售说，我们是矛头，我们增加收入。不知道市场营销会做什么事，除了在波士顿港的游艇上举办晚宴外。

营销说，我们创造了品牌和产品定位，建立了购买者想要我们产品的前提条件。不知道销售部门会做什么，除了进行无尽的晚餐和接订单外。

当然，事实是，鸡和鸡蛋都不是第一位的。

专业服务提供商问题的根源在于，**产品销售领域进入市场的这些策略不能照搬采用**，这不适合专业服务销售领域。律师鲍勃·埃斯佩蒂（Bob Esperti）说：“我并不反对市场营销，市场营销人员对产品是非常有意义的。只是就专业服务而言，他们就没用了。”这个问题起源于商学院，商学院中大多数市场营销和销售课程，都专注于产品案例研究。但是，专业服务的业务开发策略，则是基于在大众媒体上看到的什么有用以及什么无用。要考虑到，销售 iPhone 与销售人力资源软件集成云是完全不同的概念，专业服务可以像产品一样被推向市场，这是误解，是有害的。

销售和市场营销概念不能应用到专业服务

大多数专业服务公司的组织方式与产品公司是类似的，在没有其他模式的情况下，也是聘用首席营销官（CMO），负责品牌建设、推广活动、思维领导力、分析、网站、社交媒体和用户口碑。

专业服务领域重新命名了销售，即业务开发。专家本身最适合与潜在客户互动沟通，因此将他们推向项目主管的位置。市场营销通过认识、了解和证明信誉来获得机会，但不是通过信任，而是单向输出，弱化了专家的帮助。因此，我们看到了一个新角色“市场开发总经理（managing director of market development）”的崛起，通常这进入了合伙人之列，被项目开发主管尊为权威专家，负责帮助推动关键客户项目，支持项目开发主管的工作。他们也可以被称为增长总监，他们的任务是充分利用已经完成的良好工作和已经赢得的信任，来扩展业务范围。

我们最近写信给一位成功的咨询业务公司的营销总监，问她是否愿意谈谈她的公司如何扩大与主要客户的关系。她的回复令人印象深刻：

嗨，雅各布：

在看到你所提的问题时，我就意识到，要给出有趣的答案，我可能不是合适的人选。真正推动销售和交叉销售的是我的同事，而我的营销团队则更专注于前端，培养销售线索、建立了解、引导思维等。我想我应该拒绝参与你们的交流，希望你能理解并祝你好运。

很公平。

市场营销人员将他们的工作与销售工作区分开来。在专业服务领域，业务开发取决于项目开发。

但是，这个模型被打破了。只要项目主管和市场主管解决问题的思路有分歧，就会产生矛盾，这与销售人员无关。

- **项目开发的角度：**“市场营销人员说他们做的是思维领导力。但是他们怎么做到这一点呢？靠的是合作伙伴的主题专家。我听说，营销总监正在寻找内容开发外包的合作伙伴，这令我感到惊讶。我们的内容，实质上就是我们的专业知识，是我们所做的事情，也是我们公司生存的全部理由，怎么能外包出去呢？所有营销人员都擅长‘剥皮’我们的白皮书，使它看起来很漂亮，但是他们至少需要花费 4 个月的时间。”
- **市场营销的角度：**“总经理写出来的任何东西，都无法摆脱他自己的方式。他花费了 6 个月的时间，然后当我们拿到成品时，却是巴洛克式的单调乏味的散文，并且内容已经过时了。”
- **市场营销的角度：**“合作伙伴不了解开发潜在客户的工作方式。我们发布线索信息，就是要看看有谁对此感兴趣，但当我们将这些线索转发给合作伙伴时，他们却从未跟进过。”
- **项目开发的角度：**“营销人员不知道我们的买方是谁。我手上这张客户名单，来自各种各样的、不同寻常的区域，包括小公司和商学院学生，市场营销人员称之为线索。我都不知道他们是否理解我们是在与审计总监合作，这才是我们想要交谈的人。”

- **市场营销的角度：**“合作伙伴想要举行峰会，但他们不想为此掏钱。我们获得了预算，我们可以主办他们想要的任何东西。但是，合作伙伴在招募会议参与者方面做得很糟糕，客户太忙了，没时间参加会议，还抱怨我们的来宾费用太高。”

- **项目开发的角度：**“市场营销人员会举办精彩的活动，但是除了我邀请的客户外，没有人会参加这些活动。我认为他们的任务是为我们带来新业务。我参加了这些大型峰会，我对自己说，对我们已经在合作的用户是轻而易举的事，但这不是业务开发。”

- **市场营销的角度：**“销售部门总是在投资回报率上攻击我们，他们不了解，我们为他们做销售打下了基础。这对公司的成功至关重要，虽然没有对投资回报率有直接贡献。这就像要求建筑物基础承包商对屋顶上的漏水负责一样，完全没有道理。”

- **项目开发的角度：**“我的观点是，所有营销活动都应该与相关的投资回报率联系起来。我厌倦了赞助高尔夫选手，我不认为这对项目增益有何帮助。他们付给那个家伙的酬劳，够我付给在未来十年的每一次行业活动中发表演讲的人。客户向我们请求帮助，是让我们站在客户高管团队面前谈论我们的建议。”

首席倾听官

专业服务公司组织进入市场的活动，不应该开始于以下期望目标成果：

- 交叉销售成功！
- 新客户！

- 项目扩展！
- 新的区域！
- 需求建议书（RFP）类的工作，不按小时收费！
- 新兴市场优势！物联网！金融科技！人工智能！
- 成长！

而且，围绕任务和策略的企业拓展活动也没有意义，如：

- 网站重启。
- 社交媒体。
- 大事记。
- 思维领导力。
- 旅行和参观。
- 会议活动。
- 社会事件。
- 名人代言。
- 建议书。
- 外观、感觉以及新徽标和标语。
- 客户开发规划。
- 用户口碑。
- 市场细分和空白分析。
- 损失分析。
- 现场销售人员。
- 训练。
- 分析、数据和更多分析软件。

更好的目标成果，是围绕着战略问题的：我们正在努力实现的目标是什

么？我们如何有效地实现该目标？

倾听

我们要了解客户的购买方式是什么，以及客户是如何选择扩大参与度的。弄明白之后，我们就回到了一个简单的事实：

> 我们的提问，围绕着客户所面临的问题，以及妨碍客户达到目标的问题。这样，我们才可能根据以往帮助遇到类似问题客户的经验，与客户展开交流。

如果把这定为目标，销售与营销就应该努力做到：

- 让公司倾听客户的声音，营造一个安全的环境，不应该充斥着推销或操纵。
- 将倾听推向合作，不是指望客户给我们“更多”的业务，而是要站在客户角度来理解压倒性的问题，这常常表现出当前客户需求的紧迫性。
- 确保公司不是偶尔地听听客户，而是尽可能多地提问关于客户和潜在客户面临的挑战问题。
- 确保对客户和潜在客户有合适有效的倾听。最好的模式是不需要旅行、烦琐的技术升级或昂贵费用。
- 确保数据获取是以连续性的方式，并可用于进一步的信息通知，包括行业趋势、服务产品以及开发机会等。

因此，必须消除业务开发基于市场营销总监与项目主管之间的分裂。取而代之的是招募一位合作伙伴，懂得如何先倾听再进行业务范围评估，以及如何管理团队，并称之为首席倾听官。招募一支由年轻专业人士组成的团队，并称之为“渠道军团”，围绕你的每个项目，聚集起客户和潜在客户的同行小组，定期召开同行交流会，倾听、参与、分享故事、参观、深入研究挑战、分享服务客户的经验，最后提问：“这些有助于我们勾勒出帮助解决这个问题的方式吗？”

渠道团队

渠道专员就像连接在神经网络上的突触，当公司要建立客户和潜在客户的社区时，他们聚集在网络的节点上，这些节点包括我们所有的能力、公司所有的项目以及所有的合作伙伴，并按地理群组、功能群组以及行业群组分布。如何连接这些节点是每个公司的独门诀窍，连接率越高，支持和推荐就越多。

这远不止是协助、面谈访问和跟进，这是渠道军团在行动。他们的任务是寻找到散落在公司主要网络范围之外的机会，拿起电话向公司另一侧的合作伙伴发出报告，提出建立一对一的电话交流。

真正有天赋的渠道专员所具有的威力，沃尔特·希尔是了解的：“我合作过的最成功的客户总监之一，是从 Salesforce 管理员起步的，她的技术背景为零，没有从事过商务，看起来不过是个行政助理。但是她在这个行业工作多年，与我们世界各地的所有合作伙伴都有互动——从 Salesforce 实施，到获得采购权、系统使用、培训，并解决应用中的不同问题。最终，她通过一个朋友，把一个小项目卖给了一个大客户。”

“然后人们说，‘好吧。让她独自去做吧！这没什么大不了的。如果有人密切地帮助监控，她就能做到。’”一年过去了，她完成了4个项目。然后，一个接着一个地完成了许多项目。最后，她离开了Salesforce团队，成为一名非常成功的客户总监。

从这里，我们认识到了两件事。

一件是她没有单一的专业领域，因此并不能够输出自己的专业想法，完全依赖其他合作伙伴加入她的客户项目中，帮她推动客户。这很有意思，确实，这违反了人们的直觉，但是有实效。她所建立的服务范围种类是公司中最多的。

第二件事是她认识业务中的每个合作伙伴，而且每个人都认识她，她已经与他们合作了多年。她有很多个人资源可以提供帮助。另外，她知道谁能胜任工作和谁不能胜任工作。我们发现，从外面其他公司聘请客户经理，推进客户项目，需要三年的时间才能成功，因为大家互相不认识。他无法吸引别人进入他们的客户项目，也不知道该找谁提供帮助。

埃丝特·维恩惠赞报告说，他们甫瀚咨询营销团队使用的也是类似的方式："在项目会议中，市场营销人员首先与客户连线会面，介绍所提供服务的公司商业信息和广泛的价值主张，提出问题以更好地了解客户的反应。而我们的任务是确保主题专家和总经理的会议时间能被充分地预定，在理想情况下，他们是关起门来一个接一个不停地参加会议的。"

战术策略创新

在市场营销总监领导下的战术手段方面，将会发生些什么变化呢？一般而言，经营策略会延续下去。只是，现在要聚集到倾听总监这里来，听取客户和潜在客户的意见，设定明确的服务目标，喜山乐水，各自相宜。现在并没有特定的客户对象，而是要去扩展、加深和扩大已经存在的客户和潜在客户群体。

思想领导力方面也是如此。**思想领导力是公司竞争优势的源泉，白皮书不可以被外包，**应该在已经建立起来的同行团队的支持下撰写。我们曾经询问过市场营销部门他们所面临的最大挑战是什么。他们会告诉你是“对客户高管进行访谈”。现在，你已经与客户高管建立了面谈关系，可以轻松地进行你的研究工作了。

在客户关系管理系统方面，不必再去平衡补偿 Salesforce 主管人员与录入关系数据做工具维护的人员之间的关系了。所建立的渠道团队，既能够发现机会，又能够跟进线索。他们会使用 Salesforce 去研究公司内部谁在进行或可能进行机会开发工作，所以需要将所有有用的数据汇总起来。同时，这些工具也有其他作用，在网络中所输入的有关高管的数据，会产生帮助并形成推荐。

双拳出击

沛思公司有一个专业服务客户，规模达 150 亿美元，他们的工作成果令人震惊。这个公司与沛思公司合作，在 10 个不同的项目主管网络中召集了 1 200 个客户和潜在客户，聚焦在 5 种不同的功能主题上，每季度举行一次小型同行交流会议。

这个客户的业务与竞争对手没有什么不同，也是按照地区、功能和行业领域进行组织的。在跨越这些孤岛共享信息时，他们面临同样的挑战：与合作伙伴共享信誉或把客户不认识的合作伙伴带给客户，以及将已建立的信誉扩展到当前客户内部的其他部门等。

尽管如此，他们找到了一个有效的方法，用以改善与客户之间相互作用的方式。在对比研究的年份中，公司实现了 10%的增长，而其中，同行支持网络项目推动了 9%的增长，这是个相当不错的成果。难怪他们的同行交流概念不断扩展到越来越多的垂直领域。

同我们专业服务商建立信誉的方式一样，他们的成功在于，他们决定改变自己的文化，决定去倾听。

第二个有效的方法就是，充分利用倾听的力量。他们扭转了专业服务不符合规模经济的现象，完成了不可能的事情。专业服务规模化不经济的现象，限定了专业服务的业务开发，阻碍了专业服务公司的增长速度。公司增长得越快，公司与所希望服务的客户之间的互动协作就越少，这会导致交流网络的堵塞。我们的收入每增加 1 美元，支持与推荐所占比例都会下降。

这家大型专业服务公司建立一种系统方式，能够充分地利用年轻专业人员，把开发机会推向他们年长的同事，并在整个公司中分享，从而扩大了公司最宝贵的资源——最聪明、最有经验的顾问，让这些被证明具有帮助公司能力的人，位于专业服务业务开发之矛的尖端。

第 21 节
技术的力量

在本书两位作者中，有一位的桌子上堆满了便笺，这些信息将被录入到客户关系管理系统中（我们不说是谁，好吧，就算是雅各布吧）。

这些便笺是在接客户打来电话时做记录用的，或者在上班途中在车上乱涂乱画的，因此其中有一半他已无法读明白了。

这些便笺构成了专业服务公司赖以建立的基础——小卵石、沙子和碎石块。这些临时记录下的任何一个信息，都有可能与客户再次达成交易。当然，问题在于，要知道是谁，唯一的方法就是跟进这些信息记录。

这就是客户关系管理系统的用武之地。专家顾问使用诸如 Salesforce、Azure、HubSpot、Oracle、SAP 和 Bitrix24 之类的程序系统来存储数据，并提供对这些数据的可见性。大多数企业资源计划平台是将会计系统作为自己的核心，而客户关系管理系统的无限可能性在于，它以关系为基础。从历史上看，客户关系管理系统通常被认为是潜在客户跟踪器。你在会议上遇到某人，该人为你要与之合作的公司工作，你们可以交换联系信息，当回到办公室时，你可以将此信息以及一些后续说明输入到客户关系管理系统数据库中，并可以发送一些你认为他们会感兴趣的资料给他们，或者给他们打个电话。如今，客户关系管理系统让我们能够跟踪整个公司的数据，以及指导下一步操作。

在沛思公司，我们正在实施客户关系管理系统应用框架安装项目。我们定制了专用平台，这个平台不仅仅是业务方面的客户关系管理系统，更多的是从客户管理角度出发的企业资源计划管理系统。项目实施很辛苦，因为要将所有旧数据移植到新系统上，并与我们的流程进行匹配。除此之外，还要创建一个记录所有潜在客户和当前客户的资料库，但这让我们感到非常兴奋。

当然，旧习惯仍然很难改掉，雅各布拿起手机与一个朋友的朋友联系时（冬天在棕榈泉打高尔夫球时认识的），手中仍然有一个绿色的便笺。还需要几个星期才能将新的客户关系管理系统用于所有业务开发工作，但雅各布已经将他的联系人录入系统，包括他手头便笺上所有以前的联系人。这个新朋友在一家大型业务流程外包公司工作，雅各布花了两个小时才弄清楚他不是沛思公司的目标客户，对话听起来像这样：

> 你能帮助我了解一下，像我们这样的服务，在你们公司中的什么地方会获得较好的接受吗？

他这个朋友的朋友回应说：

> 通常，应该是我们的首席运营官诺姆，但他已经 65 岁了，即将退休，据我所看到的，他现在对新项目计划没有太大兴趣。所以，我可能会把你介绍给史蒂夫，他被认为是诺姆的继任者，但他是会计出身，会全力节省成本，而这不是你想要的。我最好的建议，是去拜访

> 我们全资子公司的总裁，一个名叫叶塞尼亚·加西亚的女士。她还很年轻，在这个岗位上已经工作了18个月，正渴望增长机会。她是一个雄心勃勃的人，目光瞄准最高职位，似乎正在尝试许多新事物。

太棒了！现在，雅各布有了一条线索（实际上，这是他的第二条线索），是客户关系管理系统将两个线索联系到了一起。他可以对叶塞尼亚进行研究，将注释添加到客户关系管理系统中，把找到的她的行政助理（EA），也录进系统，还可以弄清楚她的办公室在哪里，准备可能的会面。雅各布很看重抓住第一次接触机会，他是一位出色的高尔夫球伙伴，这有助于他了解公司里的人物，留待以后有会见安排时可以找到人。几周后，雅各布与叶塞尼亚通了电话，她喜欢他的想法，但还没与她的团队进行交流。雅各布将这些涉及到的更多的人名输入到客户关系管理系统中，所有这些人名都相互链接。

专家知道这一点，这就是20世纪人们使用客户关系管理系统的方式。

结果非常好，雅各布与叶塞尼亚联络上了，讨论起了新的业务项目。事实证明，她确实具有前瞻性和企业家精神，她认为沛思公司的提议与权益的增长战略相吻合。雅各布获得了合同，现在，平台上建立了新的项目管理模块，将项目主管和项目经理召集在一起，雅各布可以跟踪项目日期和可交付成果了。

依次地，系统平台可能触发其他对话，与叶塞尼亚进行续约、扩展其他服务或推荐等。现在，我们有了一台机器，不仅可以追踪我们对新买方的寻找，而且更重要的是，可以提醒我们进行各种对话，为当前客户提供价值，从而也使我们在当前客户中的业务量得到增长。

前面，我们讨论了扩大信任和信誉的双重挑战与潜力。通过客户关系管理系统进行有效的通信，是克服这些扩展挑战的关键。客户关系管理系统的主要承诺之一是，它可以推动协作行为，或者就客户开发或业务开发而言，可以推动“辅助并推荐”行为。我们与托利多集团（Toledo）一个关键利益相关者已经有过对话，当我们公司举办亚太（APAC）峰会时，为了让上海办事处的合作伙伴能够在此基础上有机会与托利多首席执行官坐下来交流，这些信息必须记录在数据库中。靠自己建立信任和信誉是不够的，必须在整个组织中系统地进行沟通。如果使用得当，客户关系管理系统会是实现此目标的强大工具。

问题

英式碗赛游戏是一种草地滚球项目，目标是将一个柚子大小的球朝“杰克”方向滚动，看谁的球最接近。比赛被安排在修剪成草短而光滑的草地上，既可以是平坦的场地，也可以是凸起的场地（变种称为“皇冠绿碗”）。“rub”是指草丛中的不平，可能导致碗球脱离抛出的轨迹。游戏起源于13世纪（今天仍在激烈竞争中进行），变得如此闻名是因为莎士比亚的著作中哈姆雷特那句永恒的独白“To be, or not to be, that is the question”（生存，还是死亡，这是个问题），首次使用了“the rub”作为隐喻，并写道：“睡觉，或许做梦，啊，这是个问题！”（To sleep—perchance to dream: ay, there’s the rub！）

完美无缺的客户关系管理系统草地里的不平，不是来自软件，而是来自人性。雅各布桌子上的便笺，大多数联系人都已经被输入到软件系统中，只是忘记了其中的某些，不是他不愿意或不知道，只是他没有了解而已。

客户关系管理系统的一个亮点，是可以测量所有的内容，甚至是使用率：

• 在拥有10名或10名以上员工的公司中，有91%的人使用客户关系管理系统平台。

• 47%的客户关系管理系统项目失败了。

• 83%的高级管理人员表示，他们面临的最大挑战是让其员工使用客户关系管理系统。

• 实际上，只有不到47%的销售代表使用他们公司的客户关系管理系统。

捕获数据策略

马克·芬兰曾在贝恩、聪智（Censeo）和休伦都担任过负责人或总经理，领导这些公司的教育业务项目，他谈到一家大型专业服务公司的数据输入现状：

> 如果有合适的工具，但是没有专职人员来确保这些工具的使用，不能正确地分发和利用这些数据，那么这几乎不可能达到所预期的成功。仅依靠总经理和高级顾问来独自完成客户关系管理系统所需的所有活动，通常会产生混乱的结果。他们应该关注内部资源的各个方面，唯一的任务就是确保所有合作伙伴不断更新其账号上的所有活动，包括正在参与的项目、他们的兴趣专长类型等，比如，“我给你发一封电子邮件，并附上了一页IP，这是你提到的，在跟客户会面时，他们对此感兴趣的”，这里就是我所看到的有投资回报的地方。你不能仅依靠总经理，这需要团队合作，并且需要有人将各个点联结起来，完全融入平台的各个方面。

博锐律所的科尔·西尔弗，对此表示同意：

> 如果你真的太忙了，或者你只是讨厌市场营销，那就请求帮助。你可以提问，可以要求你的助手来做，可以使用虚拟助手来设置会议，甚至可以请其他人帮助你。我认识一个人，他离开了一家大律师事务所，开始自己执业。他没有雇用律师助理，没有雇用秘书，只是雇用了两名营销人员，他们完成了所有工作。他们为他写演讲稿，帮他与人建立联系，他们做了所有的营销，且非常成功。他是从事法律工作的，因此他就做擅长的事情；其他人做市场营销，那是他们的专长，最终效果很好。

曾在IBM和埃森哲担任顾问的安·基菲贝尔，描述了她在这两个公司推动数据输入项目时在方式上的差异：

> 客户关系管理的一个关键要素是机会管理。你可以利用工具，也可以用电子表格，但重要的是过程以及责任。在大多数公司中，机会管理是由业务运营和财务共同驱动的，谁来牵头以及信息的用途，通常会影响整个过程。在IBM，这个过程受财务的影响比较严重，他们的出发点是订单，因此渠道的强度和时效性至关重要。这些机会如何才能推动订单、产生收入和利润，是业务管理不可或缺的一部分。基于渠道中机会的大小、时间、规模和质量，使用历史数据来预测业务。
>
> 埃森哲的流程与此类似，细微差别在于，项目主管识别销售流程中的问题，驱动资源，以接近机会。财务处于另一端，使用数据来告

知预测，但这是一个运营驱动型的过程。每个星期，我的项目经理、运营经理都会与我见面，每一个机会都存在于系统中，机会的价值、负有责任的项目经理、预计的结案日期、采取的最后步骤以及后续步骤，都要保持实时更新。每周我们都会对系统中的所有机会进行一个小时的筛选，并对其进行实时更新。主导讨论完成关键交易所需的资源，这就产生一种责任制，不是指财务上的，而是项目和公司所需要的。一旦完成与我的团队的会议，就应该立即与行业团队开会。可以想象，所有的机会，从内到外，从月度、季度到年度，我都了如指掌。

正如基菲贝尔所描述的，埃森哲和IBM都使用流程管理来持续不断地要求总经理掌握损益表。无论由谁来驱动流程，数据、流程原则以及决策都是基于数据的，都会加强客户关系管理系统流程以及机会管理的强度和价值。权威专家一致认为，我们必须制定一种捕获数据的策略，否则只会是盲人瞎马。

未来

在专业服务行业中，有效使用客户关系管理系统有两个主要障碍。首先，其架构基于销售渠道，这与专家培养潜在买方的方式不太匹配。其次，如果我们不去使用，系统就不会工作，但是我们手头有的是数据，却不会使用系统。这两个障碍按以下方式解决。

体系结构：专家忽略了该软件的所有“阶段性”功能，认为与潜在客户的良好交流和为他们提供增值的机会，就是以银行中的金钱来衡量的。无论将来会不会再拜访此买方，我们都不会将此次拜访归类为第1阶段的销售拜访，不能因为此次交易没有产生合同，就将其划入“不再跟踪”的类别了。

接受系统：专家开发了一种系统，该系统让我们克服了对数据录入员的抵制天性。我们有了助理，可以接听所有电话并做记录；可以在路上打电话给助手，并告诉他有关会议的情况；可以使用语音转文本来创建书面注释，使用自动化工具（Zapier类），以将这些注释文本录入到客户关系管理系统中。

如此，假设客户关系管理系统已经能够很好地为我们服务，并且得到了广泛使用，我们将进入更深层次的、相当有趣的问题：客户关系管理系统是如何帮助推动整个公司的协助和推荐行为的？专业服务行业支持软件的未来将如何发展？

客户关系管理系统的五个重大发展，将对专业服务行业更加有用：

1. 更好的录入。语音转文本数据采集是朝着正确方向迈出的一大步，而由机器人自动执行过程将更好。当我们行程表上有拜访计划时，客户关系管理系统可以检测到，并检查被拜访人是否已经为我们公司所认识，如果是，客户关系管理系统应该能够在行程计划中添加一个链接，点击就可以直接链接到此客户的活动日志，这样就可以避免查找。如果公司不认识此客户，则客户关系管理系统应该能够创建一个新的配置文件，给该客户添加一些易于查找的数据如公司规模、领英描述、我们公司与客户合作的历史以及此人在他们公司的位置等。

2. 更好的信号。如果我们与客户或客户内部潜在买方通了个电话，很容易就了解到，客户昨天的股票大跌，他们刚刚宣布大规模裁员，或者首席执行官被解雇，这被称为大数据驱动的相关信息。

微软的跨平台办公软件 Office 365 占据了市场的主导份额，而微软 Azure 和 Dynamics 365 的市场份额却要低得多。Azure 是微软基于云计算的操作系统，Dynamics 365 是业界首款将客户关系管理和企业资源计划融为一体的商业应用平台。微软高级主管兼客户经理克里斯·罗伊（Chris Roy）负责在现有 Office 365 客户中扩展 Azure 和 Dynamics 365。罗伊每天醒来就会问自己："如果客户使用 Word、Excel 和 Outlook，有什么理由再使用 Salesforce？"

罗伊解释了微软在推广客户关系管理系统方面的方法，将自己视为"零号客户"。他们致力于在市场上扩展 Dynamics 365，但自己也使用，让它的操作和功能获得强烈的可视化。罗伊说，微软正在使用内部数据生成"每日推荐"，然后将其发送给他们的数字销售商，并将其视为内部销售代表。根据罗伊的估计，数字销售商与合作伙伴经销商（超过 30 万家公司）合作，这些公司推动了微软销售额的最大增长。

罗伊推断出未来的"更好的信号"：

> 我们很幸运，能够通过领英获得近 5 亿专业人士的访问量，从中获得了大量的数据和信息。我们还拥有大量全球最受欢迎的网站，并且能够从受其吸引的个人那里获得信息。我们查看这些信息并跟踪"信号"，认为这是购买我们产品的潜在客户，我们分析这些信号并向销售商提出建议。每天，都会根据白皮书下载量或浏览微软网站的人员数量，提供推荐给我们的数字销售商。随着时间的积累，当我们收到更多针对特定算法的信号时，就会发出一条建议，告知销售商说："信号告诉我们，这个公司相似于其他理念相同、规模相同或聚

焦行业的客户，他们正在做的是这个、这个还有这个，这表明你的客户可能以某种方式行事。”然后，我们根据这些建议跟踪销售商的行为，这是一个好线索吗？是热销线索吗？他们是将其分配给其他人以进行跟进，还是他们看着建议说：“你知道吗？我已经与这个客户讨论过这个话题，他对此不感兴趣。”然后，我们利用来自销售商的所有反馈，改进算法，以增强我们的技术。既然我们是零号客户，现在将这个功能添加到 Dynamics 365 中，这是基于我们在自己的销售团队中实践证明的。

这种具有即时相关信息的提示非常棒，如果客户关系管理系统软件能够访问外面的公共信息，那就更好了。

3. 更好的产品信息。尼可尔·乔丹告诉我们，她专注于确保自己的公司知道客户对什么感兴趣：

当你使用技术时，可以做各种各样的事情。在致同会计师事务所，我们与微软紧密合作，使用他们的平台，构建了人工智能和机器学习工具，因此我们可以了解何时有特定的项目在特定行业或特定区域出售，这是非常有价值的。现在，我们能够充分利用技术来发现机会——哪些机会更有可能赢得，更有可能为基本客户带来相关价值。我们问：“我们如何利用技术来发现整个公司的相似客户或目标？”也许是东海岸的一个团队出售了一项特殊的合同来帮助一家公司，而相同的产品将为同一行业或同业集团带来价值。但是，如果这些企业都位于美国各地的城市，我们如何能够立即将这些信息发送给我们的团队，而不是等待每个人参加会议、打电话或碰巧在饮水机前碰面？

4. 更好的推荐。让人工智能阅读记录并触发推荐不是很好吗？如果自然语言识别可以接听电话并传递重要信息部分呢？或者，客户关系管理系统可以根据输入注释发送这些建议呢？更好的是，客户关系管理系统可以收听对话，并根据这些对话发送量身定制的建议。这些线索值得跟进，所有线索均来自通过资格预审的买方，并且是实时的。线索不是指示性数据，而是直接来自源数据。

5. 更好的故事。客户关系管理系统可以捕获故事，推动合作。剑桥集团的克里斯·佛斯迪克展开讲道：

> 我的很多业务产品都是通过我们工作中的逸闻趣事出售的。将这些故事添加到系统的数据库中，使每个人都可以访问到我们为客户服务所做的大量故事。这也是一本我们所有客户群的追踪记录，基于我们所做的服务工作，我认为这可能是非常令人信服的。这是左脑与右脑的结合：可以获得一个客户的大师成功故事，随后也获得更广泛的数据。我会说："嘿，当我们与他们一起工作时，他们做得很好。"

贡萨加大学教授克里斯托弗·史蒂文斯同意道：

> 讲故事是中小型专业服务公司可以真正发挥作用的地方：当你在组织中建立一种亲密关系时，那里的所有人都了解你正在做的事情，

就会出现内部讲故事，彰显卓越绩效。对于普通顾问来说，这是相当容易说的："哦，是的，我们提供这项服务，我认为这对你可能有意义。"

挑战不在于制作这些故事。当我们专注于提供出色的工作时，这些故事自然而然地会来找我们。我们面临的挑战是收集、存储和访问这些故事，以便我们进行筛选、排序和压缩，挑选合适的故事用于与潜在客户会谈的过程中，以免除了在一堆便笺里寻找。

业务开发即服务

在圣迭戈游艇俱乐部，我们正与莫里·乔斯林（Murry Joslin）坐下来，为了这本书而对他进行了采访。温暖的微风轻拂岸边，我们点了冰茶，坐在甲板旁，看着急速飞驰的水手。

乔斯林主管着意拓智源（Integreon）的业务开发运营，这是一家大型法律和营销服务外包提供商。他说，他们公司拥有一支为法律行业服务的离岸合同专家团队，我们理解他的意思。令我们感到震惊的是，他这样描述意拓智源的市场营销工作：

在很大程度上，我们是展示发布会的外包提供商。我们有大量的金融服务客户，为此派遣了数百人的团队。团队里的人都是专注于构建各种演示文稿软件的专家，其中一些专注于投资者，另一些则专注

> 于业务开发。比如，我们在一个非常大的战略咨询公司内部提供了大量的专业服务，你会非常惊讶地看到所产生的 PPT 数量之大。

正是这些数字使我们感到惊讶。事实证明，PowerPoint 即服务（PPaaS）是一项大业务。

在前往机场的优步（Uber）网约车上，我们尝试解密刚刚听到的东西，**越来越多公司开始专注于它们具有独特价值的产品，将其余的产品外包**。它们外包的工作越来越烦琐更是证明了这一点，雅各布指出："过去，外包商从事专门工作，但越来越多的是，他们只是从事公司员工不愿做的工作。"

正是这点打动了我们。沛思公司的管理团队与专业服务提供商合作，推出业务开发即服务（BDaaSes）。

高兴之余，整个想法逐渐清晰起来。汤姆说："专家擅长为客户提供专业知识，他们投入到业务开发的机制方面的培训、时间或兴趣都很少。将来大部分工作，电话记录的撰写、内部推荐的跟进、潜在买方的召集等，都将外包给专门从事这项工作的公司。比如，来自沛思公司的团队可能会嵌入我们最大客户的内部，帮助他们系统地推动增长。"

雅各布接着说："我们的一些主要业务客户都由助手来完成这项工作，但是在下一个阶段，要让大公司拥有一支增长推动团队，那么围绕现有客户，不仅要跟进新的线索，而且要努力发掘并推荐机会。这正是现在缺少的一环。"

补偿清晰

沃尔特·希尔表示，在埃森哲工作的期间，他非常看重“收益分享”的观念。这里所指的是一种补偿模型，在该模型中，专家从所产生的收益中分割出一部分，而不是无论其工作成果如何都支付丰厚的固定薪金。

收益分享最有效的场合，是专家致力于提高效率并削减公司成本。但是，当所提供的服务是推动新业务增长时，其效果就会变差，因为成功取决于多次行动。

是的，我们向客户派去了一位关键项目主管，但是谁能保证说正是专家的工作赢得了成功？客户的营销部门当然也发挥了作用。或者如她所说，一年前就有白皮书发布了这项服务，而我们的客户主管在一次会议上与我们的项目主管见了面，给人留下了非常好的印象。

同时，收益分享的前景被信息不对称掩盖了。专家必须相信他们的客户会准确地、一致地报告收益情况，此种报告过程（或缺少的过程）扰乱了我们向客户收费的模式，有必要针对性地发展出新的技术方式。

我们已经注意到强有力的激励系统的重要性，必须确保为创造新收入作出贡献的每个人都得到公平的补偿，也就是以内部一致地促进业务增长为目标。但是，专业服务行业存在更大的错位——专业服务成本与结果之间的差距，激励措施应与客户的成功保持一致，但很少能这样做。只有将客户的最佳利益放在心上，只为创造价值而获得报酬，而不是“销售”行为，这样才有意义。

这并不是一个新概念。精明的演员很长时间以来都参与了“ups”方式。在职业生涯的巅峰时期，吉姆·卡里（Jim Carrey）主演了《王牌特派员》（*The Cable Guy*），这是由贾德·阿帕托（Judd Apatow）制作和本·斯蒂勒（Ben

Stiller）导演的电影，吉姆赚了 2 000 万美元，几乎是电影预算 4 700 万美元的一半。但是，到了制片人布鲁斯·伯曼（Bruce Berman）为《好好先生》（*Yes Man*）签下凯瑞（Carrey）时，演员的收入就按电影利润分成计算了，他在拍摄期间没有收益，在全部收入入账后，他分到了 3 500 万美元，占电影净额的 36.2%。

与电影行业一样，专业服务行业的困难在于透明度和成功的责任感。

这是技术发展的真正希望。并不是说让专家自动执行重复的任务，而是通过技术手段为专家公司和客户共同所做的工作提供更大的可见性。这种清晰性将反过来为我们和客户提供更令人满意的补偿模型。

第 22 节
经验和眼界的力量

托马尔·阿沙恩（Tomal Ashan）与他的妻子和两个儿子生活在位于孟加拉国首都达卡附近的丹蒙迪（Dhanmondi）的一套舒适的六层公寓里。“我们有四间卧室，我把其中一间改造成了办公室。”

托马尔是一位自由职业者，在这座拥有 2 100 万人口的首都中，他是 50 万自由职业者之一。他专注于技术支持，是一名专业服务提供商。

他的窗户望向建筑工地。一栋新的六层公寓楼正在他面前生长，一层一层的煤渣砖。再往下，满大街都是越野车、人力三轮车和载着鸡蛋的自行车，车水马龙，川流不息。不过，在托马尔的办公室内部，一切都很安静。我们可以感觉到他与下面的喧闹声相距甚远。他说：“在我的办公室里，我与美国、欧洲、菲律宾、巴基斯坦、印度都有联系。我人在哪里，都没关系。”

托马尔来自一个富裕家庭。“我的祖父在印度阿萨姆邦担任美国陆军基地的水果和蔬菜承包商之后，开始了五金行业的进口业务。他建造了一栋大房子，我在这里长大。他去世后，我们拆除了房屋，盖了这栋公寓楼。”

托马尔笑容轻松，说话字斟句酌，慎重细致，掩饰着他的内心。“我五岁时失去了父亲，母亲就一直由我来照顾了。”

首先是教育。他毕业于达卡大学（University of Dhaka），获得大学学士学位后，他继续攻读工商管理硕士。

> 我本打算去俄克拉荷马州立东南大学（Southeast Oklahoma State University），虽然所有的资料都提交过去了，但我希望我的兄弟去美国，因此我需要留在达卡照顾母亲。后来，她得了癌症，就是那个时候，我转为自由职业者，在雇佣平台云工网（Upwork）在线接单。

云工网总部位于加利福尼亚山景城，是由来自世界各地的自由职业者组成的在线市场，在 70 个服务类别中，自由职业者的收入达 3 亿美元。通用电气、爱彼迎（Airbnb）和微软等公司都在该网站上发布项目和全职合同工作，托马尔等自由职业者则申请临时性工作。

“就在这张桌子上，我为 IT 服务平台 Field Nation 工作，该公司为零售连锁商店安装销售终端，”托马尔边调整耳机边说，“我管理着 1 000 个麦当劳店的收银机、视频监控和客流计数器的安装。我也为斯特灵海茨美食（Steak’n Shake）、德药店（Duane Reade）和玩具反斗城（Toys “R” Us）做过同样的事情。我面试当地安装人员，管理客户满意度，组织客户支持等。”

作为全球零工经济的一部分，托马尔喜欢他的工作。“我很高兴自己做的工作充满挑战，在工作中能与一些聪明智慧的人互动。自由职业使我有机会探索自己的想法，证明自己的价值并实践自己的才智。这也使我有机会与领导人和企业家合作。”

我们看到了他的妻子希林（Shirin）在后台，就询问了她的情况。

参加我的婚礼时，希林的家是在坎达帕拉（Kandapara），祖父和外公都是骑着大象去的，我父亲是开车去的，我是乘船去的。当时我想，我的家庭要返璞归真了！

他和希林结了婚。“我们一起做饭，一起照顾孩子。我的拿手菜是孟加拉国菜，包括鸡肉和蔬菜。”

在他的窗外，拉霍曼尼亚药房（Rahomania Pharmacy）前，一辆丰田 RAV4 正不耐烦地响着喇叭。

我喜欢自由职业的原因之一，是有时间与家人在一起。达卡非常拥挤，每平方英里内住有 175 000 人，骑行 1 英里需要 25 分钟，要去上班很难。这样，我整天与家人在一起，同时可以工作。

托马尔看起来很满意。“我与世界各地的人一起工作。我可以向他们学习，每项作业都是不同的，这使生活变得有趣。每当有工作上线，我都会申请，而当我工作时，我会变换自己的身份，以适应客户的需求。我是一个变身者，一直在变换身份。”

不断深入

2018 年，我们出版了《客户购买行为》，探讨在专业服务的背景下如何赢得新的业务。客户购买方式向我们展示了，让明星专家们组合起来，达到契合的程度，以能够帮助到新的潜在客户，而这些潜在客户既不了解我们也不了解我们的工作，这是非常困难的。我们感觉这本书很好，我们认识到，要去争取全新的客户，面临的问题更大甚至更重要。要知道，我们都在很大程度上依赖现有的客户关系来实现公司的持续增长，即培育当前客户。我们认识到，真正要知道的是："发展我们的工作的秘诀是什么？是对已经提供的服务做更多的帮助吗？"

如果专家们的目标是提供最大程度的帮助，那么就需要寻找可以产生最大影响的领域，这通常意味着要从我们最了解的当前客户开始。

要最大化我们提供帮助的能力，可以通过做好朋友、做好业务、做好倾听、了解自己、了解客户，一次又一次地向他们展示，就像托马尔为他的客户所做的那样，最大限度地发挥提供帮助的能力。这样，我们才能对我们周围的世界产生影响。

这是一种不断发展的实践活动。随着世界的变化，我们改变与适应，客户改变与适应，客户的需求也在改变与适应。这就是事物本身的样子，我们所有人都是变身者。我们的任务就是持续回归、持续倾听、持续交付出色的工作、持续提供帮助服务，并持续询问我们能够增加价值的地方和方式。

解决问题

解决棘手的挑战将是令人满足的，不管是对托马尔，还是对贝恩策略顾问，满足程度是一样的，即使后者是向一家市值50亿美元的公司提供并购案咨询服务。人类是有创造力的动物，我们喜欢设计更好地实现目标的方法，并让它实现。当我们获得一份工作时，我们是最快乐的。作为专家，我们最喜欢的工作是帮助客户公司去克服他们的挑战。

对于喜欢应付挑战的人来说，我们来对地方了。当前世界比我们面临众多挑战的任何时候，更需要我们的帮助：经济发展差距加大、有限的自然资源、南北方向的移民潮、气候动荡和跨境战争等。然而，与此同时，我们周围也撒满希望的种子：全球 GDP 增长为新机遇提供了动力，识字率和教育水平都处于历史高位，科技在继续冲击、让人敬畏和变革。

作为专家，我们为世界的挑战搭建起通向解决方案大地的桥梁，一块一块地垒起，身负起核心的任务。这是非常好的事，不仅仅因为它令人满足和对人有用，而且它能给我们的子孙后代带来一个更美好的世界。

更小的世界

在沛思公司，我们的使命是“连接强大的头脑，让世界变得更聪明、更小”。

对我们来说，“更聪明”指向的是具体、专业的项目。比如，圣塔克拉拉（Santa Clara）的无人驾驶汽车专家，向印度自动农业机械公司提供未来拖拉机制造的咨询服务；利物浦的大坝工程师与秘鲁的总承包商进行电话会议，为他们提供非常具体的建议；阿布扎比主权财富基金经理与阿姆斯特丹的税务专家通电话，为应对基金问题做独特的准备，等等。

但是，专家们所做的工作如何使世界变得“更小”？

专家们将我们大家联系在一起，就是在缩小世界。

技术增加了规模，加强了我们社区的连接。视频会议服务商将我们的面孔传遍世界各地，让我们与海外两千英里的同事保持亲密关系，这是以前无法想象的。全球市场使我们能够进行购买，以支持大陆以外的小企业家。虚拟通信方式（电子邮件、电话、视频会议、社交媒体）让我们能够跨时区共享最佳项目、协作和创新。

21 世纪，专家成为让世界变得更强大、更安全和更稳定的中坚力量。

公司和组织还面临着需要完成的工作、需要解决的挑战以及需要挖掘的潜力，还需要求助于专业服务提供商的世界，专家帮助他们及时、准确地解决这些问题。这让专家可以专业化，成为权威专家，比如对冲供应链货币汇率风险，单方面强制性披露要求合规性，或者商业物联网的网络安全方面等——并将这种专业能力推广给众多需要帮助的公司。

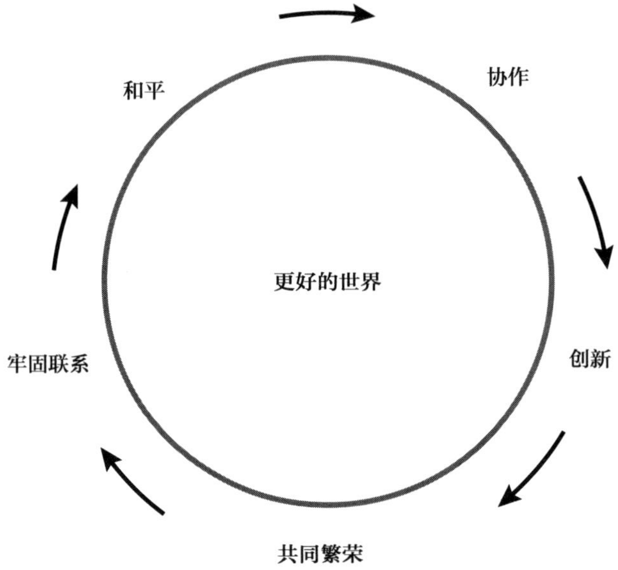

为那些最需要我们服务的人提供帮助，让世界变得更聪明、更小。将所需帮助和愿意提供帮助的人结合起来，强化推动了协作、创新、共同繁荣、牢固联系以及和平。

- **协作：**专家们和客户们走到一起，每个人都会带来自己的经验和见解。

以为专家的拥有和所有是答案不过是一种错觉。更好的理念与方法是将客户视为能深刻理解公司力量的人。专家对引起挑战的各种力量具有丰富的经验，拥有应对挑战的最佳项目库。客户和专家共同协作，共同为公司制定合适的解决方案。对于这个过程，双方都是至关重要的，团结起来，就能变得更为强大。

托马尔说："我喜欢向同事学习，并乐于帮助他人。把我们的思想汇集起来，借助各自不同的经验和背景，我们能够做得更好。我为美国最大的家居电商韦菲尔（Wayfair）工作了三年，签约成为他们供应商拓展计划的一部分。作为他们的代表，我招募了来自世界各地的许多人，其中包括来自希腊、印度、巴基斯坦以及牙买加的人，组成电话服务团队。如果你有一个由 10 个人组成的团队，他们在各自的国家中都是最好的人才，那么你将得到有趣的观点融合，并最终做得更好。"

- **创新：**经验的融合带来了新的见解。由客户和专家相互碰撞而获得的茅塞顿开的灵感，这是每个人都无法独自创造的。

托马尔说："我们彼此学习，了解彼此的文化并融合不同的想法，我们就能取得更大的成就。"

- **共同繁荣：**创造的价值让客户和专家共同受益。

> 我们从事这项工作，因为这可以赚钱养家，而我们仍在学习和适应。印度曾经是呼叫中心的首选地，但在他们学习并增加了更多的技能后，现在所有呼叫中心都转移到菲律宾了。现在印度的信息产业非常好，他们正爬到食物链的上端。现在孟加拉国也正在学习。

- **牢固联系：**共同繁荣能增进人与人之间的联系，无论背景如何。

我是穆斯林，所以通常来说，你可能认为我不愿意和犹太人一起工作。黎巴嫩就是一个很好的例子，穆斯林和犹太人是不能很好地合作的。但是在我的工作中，有一个来自加拿大的犹太客户西格（Sig），他和我相处得很好。当我们一起工作时，我们会忘记自己的背景、种族与族群，因为我们要努力共同完成目标。

- **和平：**最后，这些力量使得世界更加和平。我们出远门参加葬礼，依靠邻居的帮助收割了玉米，这时就很少会抱怨邻居没有帮我们修栅栏。更强大的是，当我们一起养家糊口时，就会一致对外。当人们共同协作时，政治冲突就不存在了。

托马尔说："即使我们非常不同，我们一起工作的人也不会起任何冲突。国家之间的冲突点在于他们的内部政治。"

我们正在朝着一个更美好的世界发展。在这个世界上，希望远大于让我们分裂的因素，这些因素包括社会、部落、意识形态或民族认同。在这个世界上，人们尊重自己的祖籍，存在着纽带，将不同的我们联系在一起。是的，这将是一个更聪明、更小的世界，和平成为规则，而不是例外。

我们很高兴能参与创建这个世界。我们知道你也是。因此，让我们一起学习、创建和共享吧。我们还有很多工作要做！